리셋

Reset

유수연의 영어 사고법 세팅 노하우

리셋 *Reset*

초판 1쇄 발행 2017년 06월 23일
초판 2쇄 발행 2017년 08월 09일

지은이 유수연

발행인 이정식
편집인 이창훈
편집장 신수경
편집 김혜연
디자인 박수진
본문 일러스트 박수진 이영주
마케팅 안영배 경주현
제작 주진만

ⓒ 유수연, 2017

발행처 ㈜서울문화사 │ **등록일** 1988년 12월 16일 │ **등록번호** 제2-484호.
주소 서울시 용산구 새창로 221-19 (우) 140-737
편집문의 02-799-9326 │ **구입문의** 02-791-0762
팩시밀리 02-749-4079 │ **이메일** book@seoulmedia.co.kr
블로그 smgbooks.blog.me │ **페이스북** www.facebook.com/smgbooks/

ISBN 978-89-263-6606-6 (03320)

유수연의 영어 사고법 세팅 노하우

리셋
Reset

유수연 지음

서울문화사

압수 수색영장과
잠복 수사

2004년, 신림동은 갑작스러운 토익의 등장으로 난장판이 되어 있었다. 지금의 공무원 시험 열풍만큼 2004년에는 수만 명의 젊은 청춘들이 신림동에서 이제는 역사로 기록될 사법고시에 인생의 승부를 걸고 있었다. 그런데 2003년 느닷없이 사법고시에 토익이 필수과목으로 선택되었다. 토익점수가 없으면 사법시험을 아예 볼 수 없게 된 것이다. 몇 년간 법 과목들만 죽어라 파고들며 버틴 시간들, 부모님이 말 그대로 집 팔고 땅 팔아 수년간 뒷바라지해주던 고시였다. 그런데 영어, 그것도 토익이라는 생소한 시험 하나로 졸지에 시험장에 들어가보지도 못하는 신세가 될 지경이었다.

영어공부를 할 시간은 없고 점수는 받아야 하고, 한마디로 아비규환이 된 신림동 학원가에 말 그대로 '단기 속성 찍기 토익 강의'들이 총동원되었다. 나도 새벽에 청담동 미용실에서 시작해, 오전에는 신림동에서, 오후부터 저녁까지는 종로에서, 주말이면 하루에 강남과 신림동, 종로를 오가며 특강을 하느라 거의 제정신이 아니었다. 하루에 개인 스태프들만 신림동에 10명, 강남 연구소에 10명, 종로학원에 20명 등 총 40명 이상이 동원되어야 소화할 수 있는 일정이었다.

영어 강의가 아닌, 토익 700점만이 필요했던 신림동에서 나는 기존의 강의 스타일을 버리고 새로운 강의 개발에 들어갔다. 무조건 2주 안에 토익 700점 만들기! 문제은행식인 토익은 예측이 가능하기 때문이다. 지난 20년치 자료를 모두 엑셀에 넣고 돌려서 매달 무조건 나오는 문제, 무조건 나오는 답만 추려서 정리해주는 식이었다. 내 전략은 '이거 외에 시험에 나오는 문제는 다 틀리세요'였다. 버릴 건 확실히 버리고 700점만 만든다는 이 전략은 적중했다.

나 외에도 많은 토익 강사들이 모두 이 긴급한 상황, 즉 학생들이 본시험인 사법고시를 치르지 못하게 되는 상황에 대해 절박함을 가지고 현장에서 강의를 했다고 생각한다. 그러나 항상 그렇듯이 이런 상황에서도 예외인 사람, 기회를 이용해서 이익을 챙기는 소수들이 있었다.

하루는 친한 강사에게서 문제를 미리 살 수 있는 루트가 있는데 거래를 해보겠냐는 제의를 받았다. 이미 출제되었던 사후 문제가 아니라 이달에 나올 문제를 미리 받을 수 있다는 것이었고 많은 강사들이 이미 이 루트를 알고 있다고 했다. 순간, 갈등할 수밖에 없었지만 나는 거절했다. 뭐, 사회적 정의감 같은 것은 아니었던 것 같다. 그 당시 나는 이미 스타강사로 매체에 많이 등장하고 있었고 이것이 문제가 될 경우 뉴스에 내가 나올 일이라는 것은 당연했다. 또한, 토익이라는 시험의 한계, 거기서 거기인 문제를 굳이 사지 않아도 예측할 정도의 실력은 있다는 자신감도 있었다. 그리고 두세 달이 지났을 무렵 결국 일이 터졌다.

2004년 겨울, 신문 1면에 '신림동의 한 토익 강사가 ETS를 매수해서 문제를 미리 빼돌리고 학생들에게 수백만 원씩에 판매해

억대의 이익을 챙겼다'는 기사가 실렸다. 들은 얘기로는 그 강사를 검거한 사이버수사대 형사는 특진을 했고, 그 강사에게 문제를 사들인 다른 강사 이름을 요구했다고 한다. 그런데 그 강사가 문제를 사들인 다른 강사들이 누구인지는 모르겠지만 '유수연이 갑자기 나타나 스타강사가 되었고 저렇게 수강생이 많은 걸 보면 뭔가가 있다. 나도 강의를 오래 했지만 저렇게 인기가 있을 때는 따로 이유가 있다'라는 요지의 증언을 했다고 한다. 형사들에게는 특진을 시켜줄 먹잇감이 필요했던 것이고, 더욱이 인지도가 있는 유수연은 걸리기만 하면 당연히 뉴스에 나올 만한 대어였을 것이다.

나중에 알게 된 것이지만 수색영장이라는 것은 법원에서 판사가 내주는 것이란다. 웬만해서는 나오지 않는다는 그 수색영장을 들고 5명의 건장한 형사들이 밤 12시에 우리 집 앞 복도에 서서 나를 기다리고 있었다. 부모님은 놀라서 쓰러지셨고 밤새 집 안을 다 뒤졌지만 아무것도 건지지 못한 형사들은 그날 새벽에 강남 사무실을 급습했다. 하지만 역시 아무것도 찾아낼 수 없었다. 나는 가택수사 이전에 이미 내 주변 지인들의 이메일과 은행계정의 조사를 모두 끝낸 상황이었다는 말을 듣고는 더 소름이 끼쳤다.

그 뒤로 5명의 건장한 형사들이 잠복수사에 들어갔다. 그런데 잠복이면 말 그대로 눈에 띄지 않아야 하는데 그들은 강의실 앞의 긴 의자를 점령하고는 매일 커피를 마시고 빵을 먹으며 그렇게 한 달을 죽치고 있는 것이었다. 그 한 달을 나는 평생 못 잊을 것이다. 나는 정치인도 연예인도 아니다. 그저 일반인 강사인데 이 직업이 이렇게 파란만장할 것이라고는 상상도 하지 못했다. 그때의 일을 비롯해서 그 후로도 나는 경찰, 기자, 각종 루머와 악플들을 항상 달고 살아왔다. 정말 산전수전 다 겪게 되는 직업 중 하나가 바로 스타강사라는 것이리라.

결국 나는 아무 혐의가 없으니 참고인 조사를 받으러 오라는 통보를 받았다. 당시 너무나 순진하기만 했던 나는 변호사와 상의도 없이 제 발로 경찰서에 당당히 걸어 들어갔고 당시 내가 소속되어 있던 시사어학원은 뒤집어졌다. 뒤늦게 이 사실을 안 고문 변호사와 이사들이 경찰서로 몰려왔지만 나는 이미 조사실에 있었다. 4~5시간 조사를 했지만 아쉽게도 나를 잡아둘 수 없었던 형사는 나에게 마지막으로 하나만 물어보자고 했다. 나는 너무나 지쳐 있었지만 끝까지 진지하게 최선을 다해 답하고 있었다.

형사의 마지막 질문은 이랬다.

"그런데 어떻게 하면 그렇게 영어를 잘해요? 어떻게 스타강사가 됐어요?"

정말 말문이 탁 막히는 순간이었다. 이제까지 내가 매우 성실하게 대했던 모든 질문들과 진지한 답변들이, 그리고 그 모든 취조 과정이 갑자기 한 편의 코미디 같아지고 허무하고 황당해서 그저 헛웃음만 나왔다. 그 길고 긴 취조 과정에서 내가 유일하게 대답을 하지 못한 질문이었다.

지금은 시간이 많이 지났고, 형사들도 그저 우리와 같은 사람일 뿐이라는 생각이 들 정도로 나도 나이를 먹고 보니 이제는 그 질문이 그때처럼 황당하기만 하지는 않다. 정말 개인적인 호기심에 순수하게 물어본 것일 수도 있으니까 말이다. 방송국에서도 연예인들이 나에게 가장 많이 하는 질문이기도 하다. 하지만 지금 생각해봐도 그 질문이 취조실에서 물어볼 성격은 아니었던 것 같다.

어찌 되었던 누구나 나를 만나면 물어보는 질문, 형사부터 연예인들까지 5천만 전 국민이 물어보는 '어떻게 하면 영어를 잘해요'라는 이 질문에 이제는 답을 해야 하지 않을까.

영어식 사고를 위해
당신의 두뇌를 리셋하라!

아무도 당신의 영어실력을 책임져주지 않는다. 학원에 가면 다 알아서 해주겠지, 하라는 대로 하다 보면 언젠가는 실력이 늘겠지. 그렇게 믿고 의지하고 싶을 것이다. 그러면서 내 실력의 부족을 남 탓으로 돌린다. 하지만 우리가 의지할 곳은 결국 나 자신뿐이다.

나는 《리셋》을 통해서 전통적인 무조건적 암기식 영어공부법에서 벗어나 나만의 '영어의 궁전'을 만드는 법을 소개하고자 한다. 영어의 궁전에는 의미망과 알고리즘이라는 2개의 기둥이

버티고 있는데, 이 2개의 기둥만 만들어놓으면 필요할 때마다 바로바로 쓸 수 있는 영어사용능력을 키우게 된다.

의미망의 기둥은 단지 2,000개의 영어단어만으로도 충분히 세울 수 있다! 영어의 알고리즘은 우리의 영어를 수학처럼 패턴과 공식으로 다시 세팅해주는 것이다. 구글의 영어가 완벽해지고 있다는 것은 바로 언어가 수치이고 공식이라는 증거다. 즉, 컴퓨터와 같은 체계적인 입력과 출력 과정을 통한 나만의 영어 프로세스를 설치하는 것이다. 이때 문장의 조합 공식을 이해하고, 정확한 단어를 선택하는 사고력을 키워주는 것이 무엇보다 중요하다. 영어의 입출력을 위한 (듣고 쓰고 말하는) 처리 과정을 우리의 머릿속에 깔아보자. 어떤 시대에도 살아남을, 경쟁력 있는 나만의 영어의 궁전을 만들어보자.

차례

Prologue 압수 수색영장과 잠복 수사 004

영어식 사고를 위해 당신의 두뇌를 리셋하라! 010

1장

어떻게 하면
영어를 잘해요?

1만 시간의 법칙이라는 것이 있다 021

구글 통역의 시대에 굳이 영어공부를 할 필요가 있을까 026

영어를 못하는 것이 우리의 잘못은 아니다 031

우리의 영어공부는 어디로 가고 있는가? 033

영어 잘하는 머리 만들기 036

영어의 계급론, 사람을 차별하는 언어 043

성격을 보여주는 언어 049

혈액형이 뭐예요? 053

성깔 있는 언어, 까칠한 영어 055

매우 당연하게도 국어를 잘하는 사람이 영어를 잘한다 059

우리는 영어를 못하는 가치관을 가지고 있다 063

하나의 외국어를 배운다는 것 자체가 자기계발 065

외국어 공부에는 내가 없다 068

2장

당신의 머릿속도
구조조정이 필요하다

영어말하기 세계 3위 핀란드인의 2,000개 단어 vs
121위 한국인의 22,000개 단어 075

영어공부는 어려서부터 해야 한다? 077

정말 2,000개의 어휘만으로 영어가 가능해? 079

정말 공부머리는 따로 있을까 083

우리 머릿속은 영어의 블랙홀이다 088

영어식 사고를 위한 의미망 분류와 알고리즘 092

영어의 궁전을 짓고 기억의 방 만들기 095

영어의 입을 트이게 할 입출력 프로세스 깔아주기 099

영어 의미망을 위한 뇌 구조 만들기 104

3장

영어단어를 의미망으로
분류하고 저장하는 법

기적의 암기법인데 막상 쓸 데가 없네 111

공부에도 리더십이 있다 116

그녀는 단지 친구일 뿐이야! only vs just 121

생각의 전환, 동의어보다 중요한 반의어 127

사전도 스스로 돕는 자를 돕는다 132

요즘 대세인 빅데이터, 영어공부에도 좀 써보자 139

영어의 좌절의 첫 단계, 미로의 시작 상태 vs 동작 146

찍기의 기술은 어디에서 나오는가 156

언어는 공부하는 것이 아니라 스스로 체화하는 것이다 163

왜 영어공부가 하고 싶으세요? 166

Same same but different 169

1타 2피, 영어와 상식을 한 번에 잡는 스토리텔링 기법 174

4장

공식과
방정식의 언어

영어 15점 받던 학생이 어떻게 영어강사가 되었는가 185

정글과도 같은 영어 사교육 시장 188

언어는 '자연스럽게' 배우는 것이라는 무책임한 환상 191

영어는 사칙연산, 공식과 방정식의 언어다 195

우리의 영어는 도레미파솔라시도 197

요즘 영어 유치원에서 배운다는 '영어 조어법' 199

5장

8품사의
문장 조합 알고리즘

기존의 영어공부법은 그만,
나만의 '영어의 궁전'을 지어보자! 207

의미어인 동양어 vs 기능어이자 조합어인 영어 212

영어는 내 가슴에 218

세상 모든 언어의 기본, 명사 222

그렇게 조금의 노력도 하기 싫은데, 영어는 잘하고 싶으세요? 237

걔는 영어가 고급스러워, 고급영어의 실체인 동사 240

머리가 중2병 260

내가 은퇴를 한다면 completely 때문이다 267

재미있는 대명사 이야기 277

영어 네이티브도 틀리는 전치사 280

많이 본 것과 아는 것은 다르다! 285

강의 첫날 멘트 293

10년을 한결같이 반복되는 똑같은 질문 301

예쁜 형용사 알고리즘 304

쓸 것만 골라서 공부하는 접속사 316

Epilogue 지역색과 사투리는 세계 공통이다 326

남의 이름 함부로 부르지 맙시다! 330

토익의 현지화의 딜레마와 태생적 한계 334

1장

어떻게 하면
영어를 잘해요?

1만 시간의 법칙이라는 것이 있다

누구나 몇 년간 한 가지 일에 매진하면 전문가가 된다. 그러나 전문가라고 다 똑같은 것은 아니다. 모두가 한 직장을 10년을 다닌다고 억대 연봉자가 되는 것도 아니고, 똑같이 노력한다고 하더라도 개인마다 결과물에는 항상 분명한 차이가 있다. 한마디로 누구나 나름의 노력을 하지만 누구나 성공하는 것은 아니라는 것이다. 노력을 안 하는 사람, 그냥 이렇게 살다 죽겠다는 사람들은 굳이 언급할 가치가 없으니 우리가 모두 어느 정도 노력을 한다는 전제하에 얘기를 해보자.

물론 노력은 배신을 하지 않기 때문에 누구나 일정 정도의 결과물을 가지게 되는 것은 당연하지만, 그 결과의 정도에 따라 누구에게는 성공이 되고 누구에게는 적당한 직업이 되기도 한다.

나는 개인마다 노력의 결과가 다른 것은 두 가지 차이에서 비롯된다고 생각한다. 각자 타고난 재능의 다름과 노력의 방법과 강도의 차이가 그것이다. 재능이 없거나 노력의 방법을 모르는 사람들은 노력을 해도 결과물이 없다. 성공의 요소가 '노력+재능+운'이라고 한다면 당신이 누군가에게서 빌려올 수 있는 것은 바로 '재능'일 것이다. 재능이라는 것은 결국 어떤 것을 잘하게 되는 방법을 쉽게 터득하고 그 활용을 잘하는 것이다. 이러한 재능은 타고날 수도 있지만 훈련에 의해서 체화할 수도 있다. 그렇지만 그 훈련 방법을 모른다면 1만 시간의 노력의 결과는 사람마다 매우 달라질 수밖에 없다.

나는 학창시절에 그다지 영어를 잘하는 학생이 아니었다. 아니 공부를 아예 못하는 학생이었다. 그래서 사람들은 내가 어떻게 지금의 스타영어강사가 될 수 있었는지 궁금해한다.

나에게는 한 가지 재능이 있다. 그것은 계속 한 가지만 생각하는 집착과 분석하는 습관이다. 어떤 현상을 놓고 당연하게 생각하지 못하는 것이 나의 재능이다. 그래서 어떻게든 분석하고 공식화시키고 논리적으로 연결하려는 집착이 강하다. 그러다 보니 우리나라에서의 학창시절에는 늘 공부 못하는 학생으로 평가받았다. 나 같은 학생은 결과가 나오려면 오랜 시간이 걸리기 때문이다. 우리나라는 공부 결과가 빨리 나와야 하는데, 나는 너무 느렸고 그 과정을 아무도 기다려주지 않았다.

나의 경우는 오타쿠 같은 집착에 남들의 3배쯤 되는 노력이 합쳐져 좋은 결과가 나왔다.

사실 우리 모두가 영어전문가가 될 필요는 없다. 사람들은 내가 지난 십수 년간 해 온 삽질 끝에서 얻은 결과를 잘 이용하는 것만으로 노력의 시간을 줄이고 성과를 낼 수 있다. 어느 강사가 말했던 것처럼 나는 내가 공부를 못했었기 때문에 오히려 공부를 못하는 사람의 심리를 잘 알고 있는 것 같다. 지난 시간 수십 만 명의 영어공부를 지켜보며 느낀 점은 우리가 공부를 못하는 대부분의 이유는 노력을 안 해서가 아니라 방법이 잘못되었기 때문이라는 것이다.

이제 17년 차 영어강사인 내가 당신에게 빌려줄 수 있는 유일한 것은 재능, 즉 공부법일 것이다. 특히 이 책에서 보여주는 영어공부법과 영어식 사고법은 '영어라는 언어의 틀'을 만드는 데 걸리는 시간을 줄여주고 효율적으로 언어에 접근하도록 도와줄 것이다. 나는 공부에 타고난 재능이 없었지만 길고 긴 노력으로 없는 재능을 만든 케이스다. 그리고 이 책의 목적은 우리 모두가 영어를 네이티브(영어가 모국어인 사람들)처럼 자연스럽게 잘하자는 것도 아니고, 다 같이 영어를 죽자고 공부하자는 것도 아니다.

나처럼 타고난 공부 재능이 없는 사람들은 오히려 영어공부를 학문이 아닌 실용으로 접근해야 한다. 우리의 대부분은 중·고등 학교 그리고 졸업 후에도 토익, 회화 등에 많은 노력을 기울이며 실제 1만 시간에 가까운 영어공부를 한다.

그럼에도 불구하고 1만 시간의 법칙에서 벗어나 매번 우리의 노력이 좌절로 끝나는 영어를 잘하기 위해서는 어떤 공부를 어떻게 해야 하는가. 이것이 관건이다. 우리에게 필요한 것은 닥치는 대로 영어단어를 무조건 많이 외우는 것이 아니다.

우선은 지금의 공부에서 한 발짝 떨어져 영어의 로드맵road map 을 세워주어야 한다. 똑같은 공부와 노력을 하더라도 그 성과가 다른 것은 '방법과 방향성' 때문이다. 그러니 제대로 된 영어공부 의 로드맵 없이 무조건 파고들기만 하는, 소모적이고 흩어지는 노력은 그만해야 한다.

특히 영어는 '컴퓨터 명령어처럼 입력하고 출력해내는 체계 적인 사고방식'을 갖는 것이 가장 중요한 출발점이다. '영어단 어들을 빅데이터big data로 저장하는 방법' 그리고 '처리과정과 각 명령어'들을 단계별로 머릿속에 세우게 하여 영어를 공식처 럼 이해하고 말할 수 있다면 누구나 영어를 잘하는 사람이 될 수 있다.

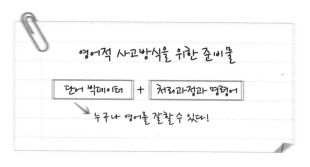

영어적 사고방식을 위한 준비물

| 단어 빅데이터 | + | 처리과정과 명령어 |

→ 누구나 영어를 잘할 수 있다!

구글 통역의 시대에
굳이 영어공부를 할 필요가 있을까

요즘은 누구나 가지고 있는 휴대전화, 하지만 컴맹인 나에게 휴대전화는 아무리 비싼 모델이라도 그저 모두 똑같을 뿐이다. 눈 뜬 장님이나 마찬가지랄까. 어차피 내가 휴대전화로 할 수 있는 것이라고는 통화, 문자, 포털에서의 뉴스 검색 등이 고작이다. 나처럼 컴맹인 사람들에게 아이폰과 갤럭시가 무슨 차이가 있겠는가. 사실 폴더폰이나 스마트폰이나 다를 것이 없다. 그런데 젊은 친구들이나 전자기기에 강한 친구들은 스마트폰으로 못 하는 것이 없다. 한마디로 스마트폰만 있으면 날아다닌다. 가끔 나이를 먹어 격세지감을 느끼는 것일까, 아니면 컴퓨터에 관련한 무지함의 문제 때문일까 고민하지만 어쨌든 이런 친구들을 보면 상대적으로 슬퍼지기는 하다.

세상이 빠르게 발전하며 이제는 공부도 인터넷이 대신해주고, 병원을 가지 않아도 인터넷으로 진료가 가능하다고 한다. 하지만 그래서 모두가 인터넷 세상에서 똑똑해졌는가? 감기 같은 가벼운 병이야 병원을 안 간다 하더라도 정말 중요한 수술이나 입원을 요하는 중병은 병원을 가야 한다. 지식인으로 가벼운 정보는 찾을 수 있지만 전문적인 직업인의 경지에 이를 수는 없기 때문이다.

아무리 좋은 수단이 주어진들 그것에 대해 내가 어느 정도 지식이 있고 알고 있는 상태여야 도움이 되는 것이다. 세상이 아무리 좋아지고 발전한들, 사람은 자신이 아는 것만, 아는 만큼만 써먹을 수 있다. 주식으로 쉽게 부자가 될 수 있는 것도 주식을 아는 사람의 이야기고, 부동산으로 돈을 번다는 것도 부동산에 대해 알고 있는 사람들의 이야기일 뿐이다. 우리 같은 일반인들은 주식이나 부동산에 쉽게 뛰어들기 힘들다.

기술과 정보가 발전한다는 것은 그만큼 그 분야에 대해 능력을 가진 능력자들만이 더 많은 혜택을 볼 수 있다는 것이다. 그렇지 못한 사람들은 작은 도움은 받겠지만 오히려 그 상위 세상에서는 배제될 수 있다. 인터넷과 정보와 기술이 발달할수록 전문적이거나 돈이 되는 세상은 '그들만의 리그'로 좁혀진다.

앞으로는 인터넷으로, 인공지능으로 번역기, 통역기를 이용하는 시대가 올 것이다. 하지만 과연 정보화시대에 자동 통·번역의 기술화가 이루어진다고 해서 우리가 영어로부터 자유로워질 것인가. 나는 이제는 오히려 영어에서도 빈익빈 부익부의 현상이 나타날 것이라고 생각한다. 영어능력자는 더 빠르고 효율적이고 유능해지는 반면 영어무식자는 더 소외되는 세상이 올 것이다.

통·번역이 인터넷이나 스마트폰으로 가능한 시대가 열린다는 것은 '영어와 정보화 기기'를 잘 아는 사람들을 위한 더 편한 세상이 열린다는 것이며, 관련 능력을 가진 자와 못 가진 자들 사이의 차이가 더 극명하게 나타나게 된다는 것이 아닐까.

요즘 초등학교 학생들만 해도 스마트폰 채팅방을 통해서 친구를 사귄다. 학부모 모임도 모두 카톡방을 통해서 갖는다고 한다. 이제 나 같은 컴맹은 점점 사회생활에서 배제되어가는 것 같다. 요즘은 모든 것이 인터넷을 통해서 이루어진다. 많은 사람들이 컴퓨터나 스마트폰으로 게임이나 유튜브를 보면서, 포켓몬 게임을 하면서 여가시간을 보낸다. 이제 인터넷과 스마트폰에 능통하지 못하면 그만큼 삶의 재미나 편리함을 누릴 수가 없다.

다시 영어공부 이야기로 돌아가보면 사람들은 이제 영어를 공부하지 않아도 되는 세상이 올 것이라는 기대감을 가지고 있다. '요즘 누가 영어공부를 하느냐'며 영어공부를 안 해도 된다는 대의명분을 공유하고 안도하고 싶어 한다. 이런 착각들이 당신에게 영어공부를 하지 않아도 된다는 달콤한 희망을 줄지 모르지만 분명한 것은 기술이 스마트하게 발달할수록 상대적 박탈감은 2배, 3배로 가속화되어 돌아올 것이라는 점이다. 특히 영어가 가지고 있는, 상류계층을 위한 언어라는 상징성 때문에 영어 능력이 있는 사람과 없는 사람의 사회적인 위치나 대우의 격차는 더 커질 것이다.

영어를 몰라도 간단한 회화는 구글 통역으로 가능할 것이다. 하지만 아무도 기본 영어만 가능한 당신에게 중요한 영어 계약서나 법적인 효력이 있는 문서를 다루는 일을 시키지는 않을 것이다. 중요한 콘퍼런스에도 굳이 당신을 보내지 않을 것이다. 아무리 구글 통역을 이용한다 해도 정확성이나 전문성은 당연히 떨어지게 된다. 당신이 사장이라면 간단한 영어단어조차 인터넷을 찾아가며 버벅거리는 당신에게 일을 맡기겠는가. 그러니 구글 통역에 의존하는 영어 포기자들이 많아질수록, 소수의 영어능력자들은 오히려 더 다양한 전문 영역으로 진출하게 되는 기회를 얻게 되는 셈이다.

이제는 자본주의 원리처럼 영어에도 영어를 잘하는 사람과 영어를 못하는 사람의 빈익빈 부익부 현상이 더욱 가속화되지 않을까. 영어를 잘하는 사람들은 자신의 실력에 통역기, 번역기 등을 추가로 활용해 더 빠르게 상황에 대처하겠지만, 그렇지 못한 사람들은 통역기나 번역기를 더듬거리며 사용하느라 더 뒤처질 것이다. 그러니 두 그룹 간의 차이는 극명하게 나뉠 것이다.

우리 모두가 영어를 매우 유창하게 할 필요는 없지만, 나에게 필요한 정보를 찾아 쓸 정도의 실력은 갖추어야 한다. 그래야 내가 아는 만큼 더 넓은 세상으로 나아갈 수 있기 때문이다.

앞으로 구글 시대를 살아가야 하는 우리는 어느 분야든 전문가가 될 필요는 없겠지만 많은 정보를 이용할 수 있는 정도의 다양한 기본은 갖추어야 한다. 어쩌면 편리하기 위해서, 대신 더 많은 공부를 해야 살아남는 세상이 오고 있는 것이다.

영어를 못하는 것이
우리의 잘못은 아니다

나는 수업시간마다 항상 독이 올라 있다. 매달 똑같은 질문을 17년째 계속 받고 있기 때문이다.

"선생님, 해석해보면 이것도 말이 되는데요?"

아무리 성인군자라도 17년간을 매일같이 똑같은 질문을 받는다면 화가 날 것이다. '이렇게 배운 것이 너희 잘못은 아니지만'으로 시작하는 설명이 항상 반복된다.

영어단어를 하나씩 한국어로 바꾸며 해석하는 게 영어공부의 전부가 아니다. 물론 영어를 무조건 한국말로 번역하고 우리말로 생각하고 판단하는 것이 왜 학생들의 잘못이겠는가. 우리나라 학생들에게 영어공부란 곧 한국어 번역이고, 우리는 중·고등학교 내내 단어 암기 기계로 살지 않았던가. 그것은 우리나라 교육의 문제이지 학생들의 잘못은 아니다. 수능식 영어공부법에 문제가 있다는 것은 이미 모두가 알고 있다.

하지만 우리는 그것을 비난하면서도 그에 대한 대안을 내놓지 못한다. 아니 대안이라는 것 자체에 관심이 없다. 지난 10년 이상 공부해 온 지겨운 영어를 또다시 새로운 방법으로 공부할 엄두가 나지 않는 것이다.

대를 이어 전수되고 있는 우리의 공부 방식은 고전영문법(번역문법)과 어휘vocabulary 22,000개 암기다. 그렇게 영어의 늪에 빠져 뫼비우스의 띠처럼 무한대를 그리며 제자리걸음 중이다. 요즘 아이들은 영어 유치원 등을 다니면서 좀 더 영어다운 영어를 배운다고는 하지만 수능을 거치면서 우리 모두의 영어는 다시 단어 암기와 번역으로 귀결된다. 잠시 기존의 영어공부에서 한 발짝 떨어져 '영어식 사고 구조'를 만들어 영어의 세상을 다시 바라보자.

세상이 빠르게 변하고 영어도 변하는데 우리의 영어공부법만 수십 년째 제자리다. 이제 수능을 준비하면서 몸에 밴 to부정사의 명사적 용법이니 하는 옛날 옛적 영어공부법은 잊어야 한다. 우리가 다시 수능을 볼 것도 아닌데 이제는 그런 단순 노동을 요구하는 영어공부는 그만하자. 그런 단순 번역은 요즘은 구글이 다 해준다. 그러니 이제 우리는 단순 암기에서 벗어나 진짜 영어를 사용할 수 있는 사고력과 언어능력을 키워야 한다.

우리의 영어공부는
어디로 가고 있는가?

티끌의 노력으로 영어라는 모래성 쌓기

'요즘 뭐 해?'

이 질문에 대한 가장 흔한 대답은 '취업·공시 준비해, 혹은 영어(토익)공부해!'일 것이다. 그만큼 취업 준비와 영어공부는 대의명분이 되어준다. 5천만 국민의 공통 정서를 대변하는 대답이기도 하다. 이처럼 우리에게 영어공부란 돈 없고 직장 없고 취업 준비나 자기계발이라고 해도 딱히 할 만한 것이 없는 상황에서, 그래도 나는 무엇인가를 열심히 하고 있다는 대의명분이기도 하다.

특히 요즘은 상류층으로 진입이 불가능한 시대, 즉 사회적 성공에 대한 욕구가 거세된 시대다. 취업을 비롯한 모든 기회들을 박탈당한 이런 상황에서 가장 손쉽게 접할 수 있는 자기계발의 수단이 바로 영어공부다. 막연하게 미래를 위해 노력은 해야겠고, 마땅히 방법은 모르겠고, 그러니 너도 나도 누구나 '이제는 나도 영어공부 좀 해야지'로 결론을 내린다.

유교사상이 뿌리 깊은 우리나라에서 공부는 성공으로 가는 유일한 수단이고, 그 대상이 예전에는 한자였고 지금은 영어다. 부유층, 지식인의 상징 중에 우리가 가장 손쉽게 접할 수 있는 것 또한 영어다. 물론 요즘은 교육의 기회조차도 빈익빈 부익부 현상으로 가득하지만 아직까지 이 자본주의 사회에서 성공으로 가는 가장 평등한 기회는 교육이기 때문이다.

그런데 우리는 적당히 하루에 한두 시간 인터넷 강의나 듣고 단어나 깨작이면서 언젠가 나도 영어를 잘할 것이라는 환상을 갖는다. 하지만 그런 노력은 자고 나면 증발해버리는 소모적인 헛발질일 뿐이다. 그렇게 찝쩍거리는 노력은 자기만족을 위한 것일 뿐 실력으로 연결되지 않는다. 요즘 말대로 티끌을 모아봤자 티끌일 뿐이다. 지금처럼 무조건 하루에 수백 개의 단어를 죽어라 외우고 절대 써볼 일 없는 슬랭이나 기초회화를 매번 되풀이해 공부하는 것은 끝없는 삽질의 연속인 것이다.

'구슬이 서 말이라도 꿰어야 보배'라고 했다. 그렇게 많은 단어를 외우고도 영어를 못한다면 근본적인 공부의 틀을 바꾸어야 한다. 이제는 수능 스타일의 한국식 영어공부법에서 벗어나야 한다.

그동안 해 왔던 공부가 아깝다고 해서 실패의 연속인 영어공부의 흑역사를 반복해서는 안 될 것이다. 우선은 영어에 대한 '근본적인 이해와 구조', 즉 영어식 사고를 머리에 탑재하는 것이 중요하다. 일단 우리에게 영어식 사고라는 것이 만들어지고 나면 노력은 그다음 단계다. 결국 티끌의 노력이라도 모이면 쌓일 수 있는 머리의 기반을 만들어주는 것이 지금 당장의 노력보다 더 중요하다. 매번 하다가 중단되고 흩어지는 나의 노력들을 낭비하지 않기 위해 무엇이 필요한지를 고민해보는 것이 진정한 공부의 첫걸음이다.

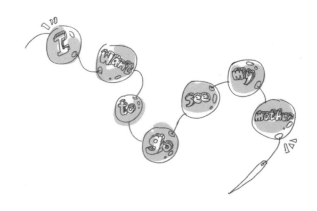

영어 잘하는
머리 만들기

영어라는 언어는 4~5세기에 쓰이기 시작해[1] 그리스어, 로마어, 라틴어, 노르만어를 비롯해서 프랑스어, 독일어 등 수십 개의 언어가 1,000년 이상의 역사 속에 녹여져 발전한 언어다. 100만 개가 넘는 어휘와 수 세기에 걸쳐 다양한 학파들에서 비롯된 문법들과 해마다 1만 개 이상의 신종어들이 난립하며 100여 개의 나라에서 변종되어 사용되고 있는 것이 영어다.

반면 한국어는 한자의 영향을 받긴 했지만 단순한 체계의 언어로, 영어와 비교하면 절대적으로 단일한 언어의 역사를 가지고 보수적으로 발전하고 있다. 이러한 한국어가 모국어인 우리

---

1   홍영예, 윤영은 외 저, 《영어학의 이해》한국문화사

가 영어를 잘하기 위해서는 당연히 언어에 대한 접근의 틀부터 바꾸어주어야 한다. 매번 영어공부를 시작하겠다고 덤벼들기 전에 일단 영어라는 언어가 우리말과 근본적으로 다르게 된 그 이유들을 먼저 이해해보자.

첫 번째, 영어는 세분화되어 있는 분류의 언어다(의미망 분류)

영어의 모든 어휘들은 아주 세세한 분류코드를 가지고 동의어, 반의어, 대체어, 연관어 등의 '의미망network'을 만들어 사용되고 있다. 하지만 뼛속까지 수능 스타일인 우리는 영어를 보면 무조건 반사적으로 한국어로 해석부터 시작한다. 그러고는 이것도 말이 되고 저것도 말이 된다며 혼란스러워한다. 그저 얼마나 많은 영어단어의 뜻을 알고 있느냐로 승부하는 우리에게 영어공부란 하면 할수록 오히려 더 깊은 미궁으로 빠지는 꼴이 된다.

영화를 보면 "조용히 하세요!"를 'silence!'라고 하는데 be quiet라고도 한다. 둘 모두 우리말로는 조용히 하라는 뜻이다. 하지만 silence는 미동도 하지 않고 입도 열지 않고 정적만 흐르는 침묵, 즉 아무것도 하지 말고 가만히 조용히 있으라는 것이고, be quiet는 소리나 움직임이 없거나 혹은 조용히 말하는 것을 의미한다. 그래서 왕이 "silence"라고 말하면 '닥치고 집중!'이고, 도서관에서 "조용히 하세요"는 'be quiet'인 것이다. 하지만 우리에게 '조용히 하세요'라는 의미로 쓰이는 영어단어 silence나 be quiet는 그 말이 그 말일 뿐이다.

'말하다'라는 동사를 봐도 speak, talk, say, tell, mention 등 수십 개의 단어가 존재한다. 우리로서는 도대체 왜 이렇게 많은 동의어들이 필요한 것인지 도무지 이해가 되지 않는다.

그러니 우리에게 이러한 단어들을 언제, 어떻게 분류해서 쓰는가에 대한 감각들이 자연스럽게 생기기 쉽지 않다. 물론 이러한 분류들에는 각각 기준들이 있다. 하지만 100만 개에 이르는 영어단어들의 분류 기준을 모두 외워서 사용한다는 것은 무모한 짓이고 불가능한 일이다.

따라서 먼저 영어에는 왜 100만 개의 단어들이 있으며 그 분류코드의 '기준'이 무엇인지를 이해한 후 다각화시키는 감각을 익혀야 한다. 사람들은 흔히 언어는 '자연스럽게' 습득해야 하는 것이라고 하지만 그런 생각은 상당히 뜬구름 잡는 식일뿐더러 실제 영어생활권이 아닌 우리에게는 무책임한 허상일 뿐이다. 영어생활권이 아닌 한국에서 영어를 자연스럽게 습득한다는 것은 머릿속에 이러한 영어의 분류에 대한 기준들과 감각들의 뼈대를 어느 정도 만들어놓은 후에나 가능한 일이다.

두 번째, 영어문장을 만들 때는 그 조합의 법칙을 알아야 한다

단순히 우리말을 한 단어씩 영어로 바꾸어 늘어놓는다고 '문장'이 되지는 않는다. 단어들을 연결해 하나의 문장으로 완성하는 데 필요한 문장 조합의 법칙이 '문법'인데 머리 아픈 복잡한 문법공부는 사절이다. 최근의 많은 언어학자들은 최소주의 문법과 그 활용에 중점을 두고 있다. 다시 말해 정통문법보다는 실제 필요한 부분만을 공식화 혹은 패턴화시키는 실용적인 언어 학습을 강조하고 있다.

실제로 우리가 배워야 할 문법은 단어들을 문장 안에 넣는 배열의 법칙을 '방정식이나 공식'들처럼 이해하는 것이다.

'영어가 방정식이다'라는 말에 의아한 사람들도 있겠지만 우리가 처음 배운 영어도 's+v+o'처럼 방정식이었다는 사실을 상기해보자. 영어는 태생적인 복잡성을 간단하게 하기 위해 문법이라는 것을 만든 것이지 더 복잡하게 쓰기 위해 문법을 만든 것이 아니다. 그러나 우리가 배운 문법들은 고지식하고 딱딱하고 어려운 용어들의 나열이었다. 이 딱딱한 문법이 오히려 영어를 더욱 복잡하게 만드는 원인이기도 하다. 그러니 우리는 실용영어를 위한 단순하고 효율적인 문법공부를 해야 한다.

세 번째, 영어는 시나리오의 언어다

영어의 복잡성은 우리에게만 힘든 것이 아니라 영어를 모국어로 쓰는 사람들도 어렵게 한다. 그래서 영어는 패턴pattern과 템플릿template으로 만들어서 쓰게 된 언어다.

presentation introduction template

Okay let's get started.

Good morning, ladies and gentlemen.

On behalf of 회사명, may I welcome you to 모임명.

My name is _____ from 소속.

Today the subject of my talk is 주제.

I have divided my talk into (three) parts.

In the first part, what I want to_____.
Then in the second part, I'd like to speak about _____.
Finally _____will be discussed.

My talk will take approximately_____ .

Perhaps we can leave any questions you have until the end of the presentation.

이것은 일종의 시나리오 기법이다. 영어가 모국어인 미국은 교육열이 심각하게 낮은 수준이고 심지어 문맹률이 높은 나라다. 이런 나라에서 자국민들이 길고 긴 교육과정을 감내하리라 기대

Letter Practice 2

▶ *Complete the sentences with words from the box.*

our	we
your	me
you	

Englewood Golf Club
54 ROUTE 9
ENGLEWOOD CLIFFS, NEW JERSEY 07632
203-787-2135 • FAX 203-788-2236

April 20, 1994

Martin Green
5765 Lace Lane
Wilcombe, Iowa 52515

Dear Mr. Green:

Thank _____ for _____ January 17 letter expressing interest in the Englewood Golf Club. This letter will confirm _____ plans for _____ meeting.

We understand that _____ company would like to reserve five rooms at _____ facilities from September 10 to September 12. Approximately 200 people will attend _____ meeting.

As _____ requested, _____ will provide five tables-one in each room. All of the rooms have a microphone and a slide projector. _____ will serve morning coffee and lunch on all three days.

If _____ have any questions or need to make any changes, please contact _____ immediately.

We look forward to seeing _____ on September 10.

Sincerely,

Catherine Jones
Mrs. Catherine Jones
Meeting Planner

CJ/pr

출처 : business correspondence

할 수는 없다. 하지만 자신들의 언어인 영어는 복잡하고 어렵다. 그러니 간단하게 시나리오를 짜주고 이대로 말하고 쓰라는 식의 일종의 예문samples들을 제시해준다.

구글을 검색해보면, 엄청난 양의 템플릿을 모아놓은 사이트나 자료들을 손쉽게 찾아볼 수 있다.

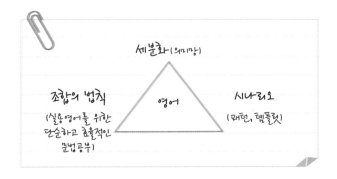

이러한 '어휘의 분류코드, 문장 조합의 법칙, 시나리오 응용' 등의 특징이 없었다면, 교육수준이 전반적으로 낮고 다양한 이민자들과 인종들이 모여 사는 미국에서 영어를 공용어로 사용할 수 없었을 것이다.

영어의 계급론,
사람을 차별하는 언어

선진국을 정의하는 데는 단순히 GNP 같은 수치만 적용되는 것이 아니다. 선진국의 한 단면은 아이러니하게도 사회의 계층이동이 불가능하다는 것이다. 과거 우리나라는 정주영 회장처럼 누구나 열심히 노력하면 초등학교만 나와도 성공하거나 재벌이 될 수 있었다. 그러나 이제는 모두 알다시피 더 이상 개천에서 용이 나는 사회가 아니다. 수저론이 등장하고 상류층으로의 이동은 거의 닫혀 있다. 이는 단순히 우리나라만의 구조적인 문제라기보다는 사회가 발전하는 단계의 일부이기도 하다.

그렇다면 우리나라가 아닌 미국이나 다른 영어권은 어떨까. 아메리칸 드림도 이제는 옛말이 된 지 오래고 당연히 계층이동도 자유롭지 못하다. 과거 계층이동이 가능했던 시절에 마지막으로 상류층에 입성한 계층이 있다. 바로 돈으로 귀족이 된 비즈니스맨들과 연예인들(유럽의 경우는 스포츠 스타들이지만)이다.

영어라는 언어는 언어로 계층 간의 차별을 명확히 한다. 감히 상류층의 언어를 일반인들이 쓰는 것이 용납되지 않는, 철저한 선민사상과 계급론을 언어에 담아내는 것이다. 그렇기 때문에 정치인, 사업가, 학자, 변호사, 의사 등 상류층의 언어들은 조금씩 다르게 발전해 왔다. 예를 들어, 의사들은 환자들과 같은 언어를 쓰길 거부한다. 그래서 그들의 언어는 라틴어나 그리스 · 로마어에서 어원을 빌려온다. 대표적인 단어를 보면, phobia(포비아)라든지, diagnose(진단하다) 등이 그러하다. 이렇게 언어를 다르게 쓰는 것은 일종의 우월감에서 나오는 것이기도 하며, 스스로를 다른 계층과 구별하기 위한 하나의 수단이기도 하다.

한마디로 영어는 계층별로 직업별로 각각 다르게 발전되어 있는 언어이며, 이는 계층 간의 장벽이기도 하다. 같은 계층들을 연합시키고 자신들을 다른 계층들과 분리시키는 수단, 즉 계층이동을 언어에서부터 차단시킨다고 할 수 있다.

그러고 보면 우리나라는 신분의 귀천을 따지지 않고 모두 같은 언어를 쓰고 있는 셈이다. 영어권에서 결혼을 하면 여자가 성을 바꾸는 점도 다양한 차별의 한 흔적이라고 볼 수 있다.

영어사전을 찾아보면 하나의 단어가 너무나 많은 뜻을 가지고 있다. 일별해보면 그 뜻들이 생뚱맞고 서로 연관성이 없는 경우도 상당히 많다. 왜냐하면 하나의 단어를 가지고 각 계층과 업종 분야마다 다른 뜻으로 쓰고 있기 때문이다.

예를 들어, settle이 일상생활에서는 조용히 하다, 법정에서는 합의를 보다, 사회·지리에서는 이주, 정착하다, 경영에서는 조치를 취하다라는 의미로 쓰이는 식이다. 그렇게 미묘한 차이를 만들어 서로가 다른 부류의 사람들 혹은 같은 부류의 사람들이라고 분류해서 인식한다. 영어라는 언어 자체에 숨어 있는 차별의 코드들은 그들의 인종 차별, 계층 차별의 역사를 방증하기도 한다.

어쨌든 경영과 연예·스포츠 분야, 즉 현대 신흥 귀족으로 올라온 이들이 일반인들과 같은 언어를 쓰려고 하지 않을 것은 당연

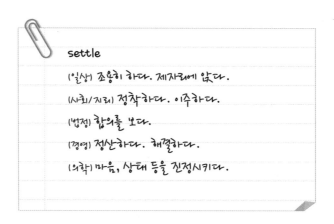

settle
(일상) 조용히 하다. 제자리에 앉다.
(사회/지리) 정착하다. 이주하다.
(법정) 합의를 보다.
(경영) 정산하다. 해결하다.
(의학) 마음, 상태 등을 진정시키다.

한 일이다. 이들이 입성을 하고 나니 기존의 상류층들은 이미 모두가 가지고 있는 언어에서 '자신들만의 차별화된 새로운 언어'가 필요했다.

그런데 그들에게 남은 언어는 단 하나, 바로 전쟁 용어였다. 사실 우리나라에서도 '가격 전쟁price war'이라든지 '타깃 소비자들', '마케팅 전략' 등 전쟁, 타깃, 전략, 전술, 선점 등 상당히 많은 전투적인 용어들이 구사되고 있다.

우리가 많이 알고 있는 withdraw(인출하다)라는 단어가 있다. 과거에는 '군대를 철수하다'라는 뜻으로 쓰였던 이 단어가 지금은 왜 '인출하다'가 되었을까? 현대사회에서 전쟁의 무기란 군대가 아니라 돈이다. 그래서 군대를 철수하다라는 뜻이 돈을 철수시킨다는 의미로 '인출하다'가 된 것이다. 은행에서 인출을 할 때 주로 쓰이는 말이 I'd like to withdraw some money라는 표현이 된 것은 그런 기원을 가지고 있다. 기업이 철수시키는 것은 '군대'가 아닌 '상품이나 인력'이다. 그래서 기업들은 We are going to withdraw a product라는 표현을 쓴다.

전쟁이 끝나고 전리품이나 땅을 나누어 가질 때 쓰이던 단어가 share다. 이 단어는 '나누어 갖다, 분배하다'라는 뜻을 가지고 있는데, 그 명사에는 '할당량, 몫, 배당' 등의 의미가 들어 있다. 이 단어에서 어원이 온 것이 바로 market share(시장 점유율)다.

take over 역시 남의 나라 땅을 빼앗거나 획득하다라는 뜻으로 많이 쓰였으나 현재는 '회사를 인수하다'라는 뜻으로 주로 쓰이고 있다.

영화 '스타워즈'를 본 사람들이라면 force라는 단어가 익숙할 것이다. 원래 the forces는 군대에서 쓰는 '군사력'이라는 의미였다. 그렇다면 기업 전쟁이 한창인 현대 사회에서 force는 어떤 의미로 쓰일까? 기업에서는 군사력이 아닌 인력을 의미한다. 예를 들어, 영업력은 sales force, 인력은 labor force 등으로 쓰인다.

strategic alliance(전략적 제휴)라는 단어 또한 전투적인 느낌이 나는 단어다. 현대사회에서 전쟁이란 총칼을 들고 싸우는 것이 아니라 돈의 전쟁이고 기업들 간의 전쟁이다. 이렇게 많은 비즈니스 용어들이 전쟁에서 유래되었다는 사실은 매우 의미가 있다.

현재 우리의 삶이 전쟁터를 방불케 할 정도로 치열할 뿐 아니라 우리의 삶이 '돈의 전쟁터'에 끌려 나와 있기 때문이다. 현대사회에서는 더 이상 계급이나 인종으로 인한 차별을 받지 않는다. 하지만 돈에 의한 차별의 세상은 누구나 돈을 벌어야 하고 돈의 지배를 받는 자본주의 사회에 살고 있다는 사실을 다시 한 번 상기시킨다.

어쨌든 이 이야기의 결론은 아주 흥미로운데, 마지막 귀족의 반란이라 할 수 있겠다. 트럼프, 마지막 귀족이 결국 왕이 되었으니까 말이다. 영어권의 발전사에 있어 마지막으로 귀족층에 입성한 계층, 돈으로 귀족이 된 사업가가 결국 귀족들의 왕인 대통령의 자리까지 올라간 것이다.

우리가 이 책에서 다루게 될 영어도 영어 전체가 아닌, 비즈니스 영어이자 토익에 기반을 두고 있다. 즉, 기존의 아카데믹한 영어공부가 아닌, 실용과 경쟁력이 되는 영어에서 출발한다. 그것이 막연한 기초회화나 기초영문법의 반복보다는 확실한 목표와 학습 결과를 가져올 수 있으며, 자신감을 가지고 더 넓은 영어의 세상으로 한 발짝 다가갈 수 있게 해줄 것이기 때문이다.

성격을 보여주는
언어

당신은 어떤 설명을 듣고 '알겠다!'라고 영어로 말하고 싶을
때 어떤 표현을 선택하겠는가.

I know.

I feel it.

I see.

I got it.

I understand now. (……)

비즈니스 영어공부에서는 상대방의 단어 선택에 따라 그 사
람의 성향을 읽어낸다. 예를 들어, I feel it이라고 대답하는 상대에

게는 대부분 감성적인 스토리로 설명해야 하고, I see라고 답하는 상대에게는 주로 그래프나 시각적인 자료를 많이 제시해야 한다. 한마디로 영어는 다양한 성격을 반영하는 언어이고, 대화를 통해서 상대의 성향이나 배경을 이해할 수 있는 언어인 것이다.

우리에게는 복잡하게만 느껴지는 수동태라는 것도 민감한 의도를 보여주기 위해 존재한다. 영어에서 수동태가 존재하는 이유는 기본적으로 책임의 소재를 보여주는 것이기 때문이다. 즉, 수동태는 내가 직접 결정한 것인가, 지시를 받은 것인가를 분명히 하기 위해 사용하는 것이다.

예를 들어, 실무자가 자신이 스스로 결정한 사항이 아니라 위에서 지시가 내려온 경우에는 수동태를 쓰게 되는데 지나치게 수동태를 많이 쓰는 경우에는 무능해 보이거나 무책임하게 보이기도 한다.

예를 조금 더 들어보자면, I am planning to go와 I am scheduled to go는 단순히 '나는 갈 것이다'라는 표현의 다양한 버전이 아니라 내가 갈 것을 '누가 결정했는가'의 의미를 포함하고 있다. 전자는 내가 정한 것이고, 후자는 주로 회사나 일정에 의해서 내가 가기로 되어 있다는 뜻이다. 이렇게 영어는 사람의 상황이나 심리, 그 말을 하게 된 배경까지의 미묘함을 잘 살리기도 하지만 그만큼 쓰기가 까다로운 언어임은 분명하다.

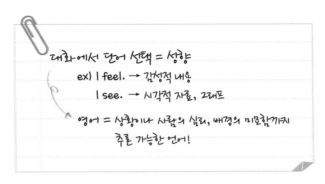

영어에 엄청나게 많은 동의어가 존재하는 것도 같은 이유다. '가능한'이라는 단어만 살펴봐도 can, able, capable, possible, probable, available, likely 등 수없이 많은 동의어들이 있다. 왜 그럴까? 내가 시간이 되고 상황이 되어서 할 수 있는 것은 able이다. 그러나 특정 능력이나 자격, 경력 등이 있어서 할 수 있는 것은 capable이라는 표현을 쓴다.

반면에 possible은 주어의 능력이 아닌 외부의 가능성이나 확률에 의해 가능하다는 것이다. 그래서 내가 갈 수 있다는 것은 I am possible to go를 쓰지 않고 I am able to go라고 해야 한다. It is (possible/able) to rain이라는 문장에서는 날씨의 능력이 아니라 비가 올 확률적인 가능성이기 때문에 반드시 possible을 써야 한다.

이렇게 영어는 다양한 상황들과 의도를 반영해 쓸 수 있도록 단어를 조각조각내어 수많은 동의어 묶음으로 분류해놓고 있다.

영어를 구사하는 데 있어 100만 개 이상의 단어와 수만 개의 숙어와 표현들을 자유자재로 사용한다는 것은 단순한 언어의 문제가 아니라 상당한 사고력, 인지력, 논리력 등을 요구한다.

그런 의미에서 영어는 사용자의 지적 수준을 적나라하게 보여주는 언어라고 할 수 있다. 특히 영어를 모국어로 사용하는 사람들조차도 힘들어하는 언어로서, 지적 수준이나 교육 수준에 따라 언어를 구사하는 데 있어 확연한 차이가 날 수밖에 없다.

혈액형이 뭐예요?

외국인들은 우리가 단 4개의 혈액형으로 사람을 판단하는 것을 매우 이상하게 생각한다. 어떻게 고작 네 가지 유형으로 모든 사람을 분류하고, 함부로 그 성향을 단정짓느냐는 것이다. 우리는 그저 '재미있잖아. 재미로 하는 거지, 뭐'라고 단순하게 여긴다. 사람의 성향을 알아보는 것을 재미라고 여기는 우리와 달리 외국인들은 너무나 진지하게 반응한다. 왜 그들에게는 이것이 재미가 아닐까. 여기에 커다란 문화적 차이가 있다.

그들은 재미로 사람을 분석한다는 것 자체를 이해하지 못한다. 따라서 그들에게 중요한 것을 우리가 우습게 만든 꼴이 된 것이다. 사람을 분석한다는 것은 그들에게 너무나 중요한 일이기에 그들은 함부로 판단하기보다 대화 한마디에서도, 몸짓 하나에서도 상대의 특징을 끊임없이 분석한다.

　사람의 성향을 분석한다는 것, 심리전에서 이긴다는 것, 적을 알고 게임을 시작한다는 관점에서 보면, 그들에게 단지 혈액형으로 상대의 유형을 판단한다는 것은 참으로 유치하게 느껴질수 있다. 영어에는 바로 그렇게 끊임없이 상대의 언어를 관찰하고 파악하는 집요함이 있고, 그것을 전략적으로 사용하는 승부사 기질이 들어 있다.

성깔 있는 언어,
까칠한 영어

영어는 상당히 까칠한 언어다. 우리말로 '걔 온대'라는 간단한 문장이 영어로 말하려면 꽤 많은 단계들을 거쳐야 한다.

걔 온대. → He told me that he would come.

일단 그 사람이 he/she인지를 밝히고, 누가 누구에게 말했는지를 정확히 따져봐야 하며 '온대'라고 말한 것은 들은 내용이 will/would인지를 선택해야 한다. 들은 내용을 전달할 때는 일반적으로 would를, 아주 확실한 경우 will을 쓰게 된다.

우리말은 달랑 두 단어면 되는 문장이 영어로 옮기면 이렇게 길어지고 꼬장꼬장해진다. 영어는 뜬금없이 말하는 것을 상당히 비논리적이라고 생각한다. 늘 누가? 사람이? 사물이? 무엇을? 이라는 식으로 따지고 들어온다. '미래'라고 해도 과거를 기준으로 미래면 would, 현재를 기준으로 미래면 will. 매번 이런 식의 '논리'라는 것을 문장 안에 아주 세세히 넣을 것을 요구한다.

가끔 우리는 외국인들은 지나치게 따지고 계산적이라고 생각할 때가 있다. 나 또한 처음 영어권에서 생활했을 때는 외국인들은 백인우월주의 때문에 저렇게 떽떽거리고 거만한 것이라고

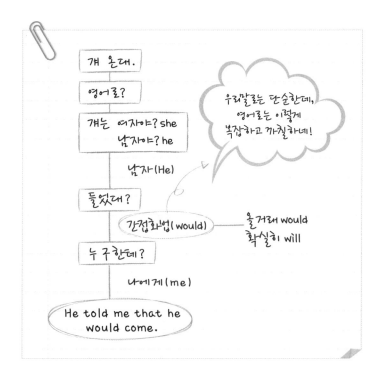

생각했었다. 내 생각에는 그냥 대충 알아듣고 넘어가도 되는 것을 상대가 일일이 짚고 넘어가는 것에 비위가 상하기도 했다.

'머리 자르러 간다는 것'을 '머리카락 자르러 간다'는 뜻으로 알아듣는 다소 애매하고 물렁한 언어인 한국어에서 영어식 사고로 넘어가는 과정은 절대 순탄치 않았다.

아니, 미래를 will이라 하든 would라 하든 대체 무슨 차이가 있는가 말이다. 관사 하나 빼먹는다고 뭐 그리 큰 문제가 되는가. someone이든 anyone이든 어쨌든 누군가 왔다는 것인데 왜 못 알아들을까?

그런데 영어를 사용하는 기간이 길어질수록 어느 순간부터 사사건건 매사에 떽떽거리는 나를 보게 되었다.

"누가? 언제? 어떻게? 정확하게 말해! 똑바로 말해! 끝까지 말해!"

직설을 넘어 독설로

영어를 배워서 좋은 점은 외국인을 만나서 영어로 의사소통을 할 수 있다는 것이 아니라 나의 '성향'이 바뀐 부분이다. 특히 논리적으로 말한다는 점은 강의를 할 때 아주 큰 무기가 되었다. 자세한 세부사항까지 꼼꼼히 분류해서 명백하게 나의 의도를 보여주는 언어 습관은 상대에게 내가 말을 직설적으로 한다고 느끼게 한다. 그리고 때로는 그 명백함이 직설을 넘어 독설로 들리기도 한다.

물론 단점도 있다. 모나지 않게 두루뭉술하게 말하고 좋게 돌려 말하는 것이 미덕인 우리 문화에서는 당연히 나를 불편해하는 사람들도 많다. 어쨌든 여기서 강조하고 싶은 것은 외국어를 공부하는 이유가 단순히 남의 나라 말을 잘하기 위해서는 아니라는 점이다.

각 언어에는 독특한 성향과 역사와 가치관이 있다. 언어별로 섬세함의 정도가 다르기 때문에 남의 나라 말인 외국어를 공부함으로써 우리가 모국어에서는 습관적으로 놓치는 부분이나 인식하지 못하는 부분을 채워갈 수 있다.

사실 요즘 우리는 말을 감각적으로 사용하는 데다 비문을 사용하는 정도가 심각하다. 이렇게 모국어가 망가진다는 것은 사실 치명타가 될 수 있다. 언어는 그 사람의 성향이나 논리적 사고에도 영향을 주기 때문이다. 습관적인 비문의 사용은 외국어를 배우기 힘들게 할 뿐만 아니라 사용자의 전체적인 논리력이나 인지력을 떨어뜨리게 된다. 하나의 외국어를 새로 습득해가면서 자신의 국어 능력이나 전반적인 언어 능력에 대해서도 고민해보는 계기를 갖는 것은 외국어를 공부하는 중요한 이유 중 하나다.

매우 당연하게도
국어를 잘하는 사람이
영어를 잘한다

요즘 유행하는 '메타언어'라는 것이 있다. 하나의 단어를 설명하기 위해 동원되는 또 다른 언어를 메타언어라고 하는데 우리로 치면 영어에 대해 사용하는 국어다. 'boy'라는 말을 이해하기 위해 한국어로는 '소년'이라는 단어로 설명해야 한다. 그런데 이렇게 간단한 단어가 아닌 복잡한 문장을 설명하기 위해서는 그만큼의 풍부한 모국어가 동원되어야 할 것이다. 그렇기 때문에 우리나라 말을 얼마나 풍부하게 쓰느냐가 외국어를 습득하는 데 있어 필수적이라고 할 수 있다.

예를 들어, 우리말의 '손님과 고객, 소비자'를 구별하지 못하는 사람은 customer와 client 그리고 consumer의 차이를 쉽게 이해할 수 없을 것이다. 우리말로 손님, 고객, 소비자의 의미를 정확하게 알아야 왜 가게에 온 손님은 customer이고, 은행에 온 고객은 client라고 써야 하는지 이해할 수 있다.

customer : 단순히 물건을 사는 사람,
　　　　　일반적으로 식당, 상점 등에 온 손님

client : 변호사, 회계사 등의 고객
　　　　(주문이나 의뢰를 따로 하거나 주기적으로 거래하는 고객)

consumer : 경제 용어로, 생산자의 반대 개념에서 출발

　흔히 국어를 잘해야 영어를 잘한다는 말은 단순히 번역이나 해석 능력을 의미하는 것이 아니다. 국어에서도 정확하게 자신의 의도를 나타내는 언어 습관, 풍부하고 정확한 어휘의 사용이 메타언어로서 우리의 인지력을 높이기 때문에 메타언어인 국어 능력이 중요하다는 말이다. 결국 외국어 공부는 모국어인 국어의 언어능력과 논리력을 같이 향상시키는 효과가 있으며, 이것이 자기계발의 중요 수단이 된다는 것은 당연하다.

모국어는 누구나 자연스럽게 사용한다는 함정

모국어로 의사소통을 할 때는 단어 하나하나를 쓸 때마다 정확한 체계와 단어를 선별하는 인위적인 과정이 없다. 말 그대로 모국어이기 때문이다. 모국어는 특별한 고민 없이 자연스럽게 언어를 감각적으로 구사할 수 있다. 무의식적으로 이미 체화된 언어이기 때문에 내가 언제, 어떤 단어를 선택하고 배열하는지에 대한 인지력이 떨어진다.

우리말에서 '사고accident'라는 단어를 쓸 때 우리는 '사고'라는 단어가 부정적인 경우에 쓰인다는 논리적 분석을 하지 않는다. 당연히 부정적인 상황에서 튀어나오기 때문이다. 다시 말해 모국어는 감각적으로 사용되기 때문에 논리적 분석을 필요로 하지 않고 오히려 인지력이나 예민함, 명확성 등이 떨어진다.

하지만 영어에서는 accident라는 단어를 단순히 '사고'라는 뜻만 암기하는 것이 아니라 그 쓰임새를 이해해야 정확한 상황에서 제대로 쓸 수 있다. accident는 80% 이상이 부정적인 의미, 즉 예상치 못한 교통사고나 부상의 경우에 쓰이며, by accident에서처럼 우연, 실수 등의 상황에서 사용된다는 식으로 인지하는 과정을 거치게 된다.

이렇게 외국어를 하나 습득한다는 것은 평소 모국어에서 인지하지 못하는 '논리력이나 언어판단력'을 키워준다는 의미를 갖는다. 그렇기 때문에 모국어를 외국어로 걸러주고filter 바꿔주는 과정에서 정확성을 키우고 구조적 사고를 하게 되는 효과가 있다.

우리말에서는 절대 궁금하지 않을 것들이 궁금해지고, 언어의 사용에 대한 고민을 하게 되기 때문이다. 논리적으로 언어를 구사하는 구조가 머릿속에 만들어지면 오히려 국어로도 말을 똑똑하게 하는 사람이 된다.

우리는 영어를 못하는
가치관을 가지고 있다

우리에게 영어가 힘든 이유는 사실 국어, 즉 모국어인 메타언어가 예민하지 않다는 점이다. 우리말에서는 굳이 따지지 않는 부분까지 계속 분류하고 선택하고 연결해야 하기 때문이다. 우리에게는 절대 궁금하지 않을 것들이 기준이 되어 쓰이는 언어다 보니 항상 무엇이 중요한가를 놓치게 된다. 다른 가치관을 가진 언어를 배운다는 것은 우리도 그 가치관을 이해해야만 쓸 수 있다는 것이다.

예를 들어, '많이 있어'라고 말하면 양이 많든 수가 많든 우리에게는 그저 '많은' 것인데 영어에서는 many(수)와 much(양)를 분류해야 한다. '정확한'이라는 단어도 오차나 오류가 없이 정확한 accurate, 시간이 정확한 punctual, 답이 정확한 correct, 기계가 정확한 precise 등 용도별로 분류를 한다. 이렇게 우리 국어와는 완전히 다른 분류 기준들과 가치관, 세분화의 성향을 가지고 있는, 남의 나라 말인 영어에 대한 이해에서부터 우리의 영어공부가 다시 시작되어야 한다.

사실 우리에게는 이런 것들을 일일이 분류해야 한다는 사실 자체가 단어 암기보다 더 낯설고 어렵다. 이런 분류의 기준들을 '선택 제약'이라고 하는데 그 기준들이 많을수록 영어는 정교해진다.

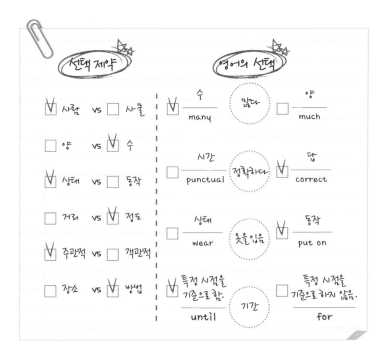

하나의 외국어를
배운다는 것 자체가
자기계발

많은 언어학자들은 개인마다 머릿속에 '백과사전식 사전'을 가져야 한다고 강조한다. 그냥 일반 사전처럼 단어를 그 뜻만 나열하는 식으로 알고 있는 것은 쓸모가 없다는 것이다.

예를 들어, available은 '가능한'이라는 뜻에서 끝나는 것이 아니라 ① 물건의 재고가 있거나 구매가 가능할 때, ② 정보의 경우에는 이용이 가능하거나 공개가 가능할 때, ③ 사람을 만나거나 말을 할 수 있는 시간의 여유가 있을 때 쓴다는 식으로 이해해야 한다.

즉, 하나의 단어가 어떤 상황에서 어떤 의도를 가지게 되는지를 이해하고 그 단어의 의미망을 만들어 그 안에서 언어를 습득해야 실제 상황에서 적용이 가능하다. 우리가 아무리 available이라는 단어를 알고 있다고 해도, 실제 영어에서 쓸 수 없는 이유는 그 단어를 언제 쓰는지 모르기 때문이다. 누구나 잘 모르는 상황, 경험이 없고 배경지식이 없는 상황에서는 우물거리고 주저할 수밖에 없다.

백과사전식 사전이란 이렇게 '관련 상황에 대한 이해, 판단력, 경험, 지식, 상식, 문화에 대한 이해력, 가치관, 논리력, 언어 구사력' 등을 함께 머릿속에 저장해 활용할 수 있는 총체적인 사전을 의미한다. 이런 백과사전식 사고는 실제 하나의 외국어를 제대로 배우고 활용할 수 있게 할 뿐 아니라 개인의 전반적인 논리적 사고나 커뮤니케이션 능력 또한 향상시키게 된다.

백과사전식 언어 공부란 뭘까

최근 토익에 나온 문제에 도전해보자.

Using advanced techniques to ＿＿＿＿＿ items significantly reduces the risk of back injury.
a) avoid
b) lift (○)
c) damage
d) attract

단순히 해석만 하면 답이 나오는 이런 문제를 도대체 왜 틀리는 걸까? 최근에 아이언맨 슈트라고 불리는 웨어러블 로봇을 이용해서 노동현장에서 생산성을 크게 높이고 산업재해 발생 가능성을 낮출 수 있다는 기사가 연일 쏟아져 나왔었다. 웨어러블 로봇을 착용하면 무거운 물체를 옮길 때도 허리, 무릎 등에 무리가 가지 않을 수 있다. 조만간 군대에서도 상용화될 것이라며 연신 기사화되어 나왔던 내용이라 당연히 모두가 알고 있을 거라 생각했다. 하지만 너무나 많은 학생들이 이 문제를 틀렸고, 시험 다음 날, 나는 학생들에게 이 기사를 읽어본 사람 있으면 손들어보라고 했다. 수백 명의 학생들 중 고작 두세 명의 학생이 손을 들 뿐이었다. 순간적으로 나는 독설이 폭발했다.

"너희는 영어를 모르는 것이 아니라 아예 상식이 없는 거다. 말을 못하는 것이 아니라 머리가 비어서 할 말이 없는 거다. 유튜브나 동영상을 보면서 키득거리지 말고 제발 기사 좀 읽어라! 책을 읽는 건 바라지도 않아!"

외국어 공부에는
내가 없다

나는 굳이 선택하라면 성악설을 믿는 쪽이다. 어린아이들은 온 세상이 자신을 중심으로 돌아간다고 믿는다. 자신이 잠이 들면 세상도 잠든다고 믿는다. 그런 아이가 자라서 자신이 살고 있는 세상 이외에 다른 세상에도 다른 사람들이 살고 있다는 것을 알게 되고, 다른 사람들을 이해하고 배려를 배우면서 어른이 되는 것이다.

그런데 어른이 되어서도 항상 자신이 하고 싶은 말만 하는, 유아적인 사고를 하는 사람들이 있다. 자신이 중심이고 자기 말만 하고 남의 말을 듣지 않는 사람들을 보고 있으면 지적 수준이 의심스럽기까지 하다.

일부에서는 동양인들은 자신만 아는 이기적인 사람들이라는 선입견이 있기도 하다. 동양에서는 대부분 나이를 먹어서도 결혼하기 전까지는 부모님과 함께 산다. 그렇게 항상 내 편인 사람들 속에서 아이처럼 살기 때문에 자기중심적이라는 것이다. 대학을 들어가면서 대부분 부모로부터 독립하는 서양문화에서는 서른이 되어서도 부모와 사는 우리가 이상해 보인다. 이러한 문화적 차이를 떠나서라도 요즘 우리 주변에는 성숙하지 못한 어른들이 많다. 특히 언어는 그 사람의 생각과 태도를 그대로 보여주기 때문에 자신의 언어와 사고를 키워주기 위한 지속적인 노력은 자신의 삶을 완성해나가는 중요한 부분이다.

책과 외국어의 공통점은 내가 그 세상의 중심이 아니라는 것이다. 어떤 상황이든 나 자신이 그 속으로 들어가면 감정적이 되고 시야가 좁아진다. 하지만 책에는 내가 없다. 나는 개입되지 않은 채로 제3자로서 일종의 다른 시대, 다른 사람들, 다른 상황을 여행하는 것이다. 다른 관점, 다른 등장인물들을 통해서 스토리를 따라간다는 것은 내가 관찰자로 존재한다는 것이며, 모든 상황에 대해 객관적인 시각으로 논리적인 분석을 하게 된다는 것을 의미한다. 그렇기 때문에 책을 많이 읽은 사람들은 어떤 상황에서든 이해력이나 판단력이 빠른 편이고 다른 사람들을 잘 이해하는 공감능력을 가지게 된다.

맹자의 역지사지易地思之, 북미 스타일로는 Put yourself in the

other person's shoes(다른 사람의 신발을 신어보라)라는 명언들이 있다. 자기 입장에서 자기 말만 하는 사람의 이야기는 아무도 좋

책과 외국어의 공통점

내가 나와 다른 입장, 다른 언어의 신발을 신고 여행하는 것!

주인공
입장

주변인
입장

축지국
입장

외국인
입장

부모의
입장

외국어
사용자의
입장

외국어
사용자의
입장

아하지 않는다. 다른 사람들과 공감할 수 있고 다양한 사람들의 입장을 포용할 수 있는 것, 바로 이것이 리더십의 출발점이기도 하다.

같은 맥락으로 외국어를 배운다는 것 또한 나의 생각을 내 방식대로만은 표현할 수 없게 되는 것이다. 내 생각이나 내 말을 하기보다는 그 외국어에서 중요하게 생각하는 것들을 기준으로 나의 생각들을 다시 배열하고, 다른 표현들을 선택해야 하기 때문이다. 결국은 이 과정에서 객관적이 되고, 보편적이며 공통적인 룰을 찾아내는 '눈치, 감각 혹은 촉'이라는 것이 생긴다. 그렇게 시야가 넓어지고 여러 가지 가치관과 입장의 차이를 이해하게 되는 것은 포용력과 이해력, 나아가서는 그 사람의 리더십으로도 이어지게 된다. 이렇게 독서나 외국어의 습득은 나의 언어가, 그리고 나의 사고가 똑똑해지는 경험을 하게 해준다.

외국어를 배운다는 것은 단순히 남의 나라 말을 유창하게 하게 된다는 것이 아니다. 우리는 같은 시대에 같은 공간에서 살아간다. 하지만 같은 시대에 같은 공간에 있다고 모두가 같은 세상에 사는 것은 아니다. 누군가는 더 많은 사람들과 더 많은 지식을 가지고 더 넓은 세상을 살아간다. 그것이 우리가 독서와 외국어 공부를 하는 이유다.

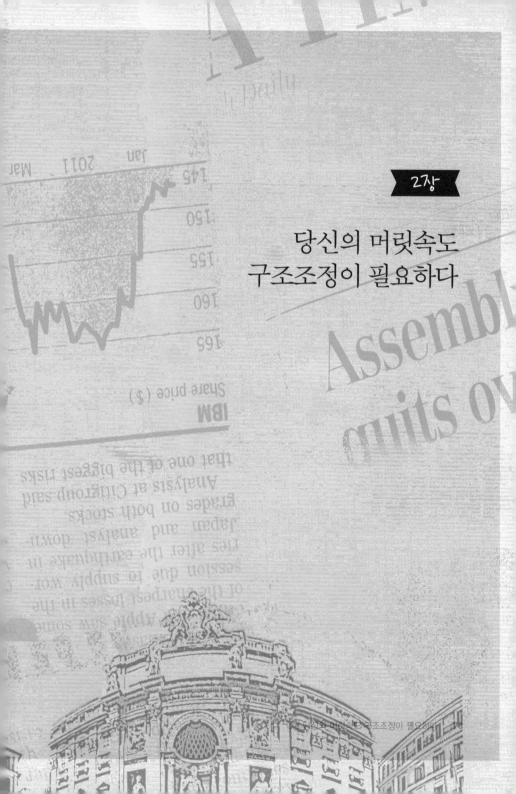

2장

당신의 머릿속도
구조조정이 필요하다

영어말하기 세계 3위
핀란드인의 2,000개 단어 vs
121위 한국인의 22,000개 단어

핀란드에는 특별한 영어시험이나 사교육이 없다고 한다. 오히려 핀란드는 모국어 교육을 우선시하고 독서의 중요성을 강조한다. 어느 조사에 따르면, 핀란드의 교육경쟁력은 세계 1위IMD를 랭크했다. 이들의 영어 인터뷰를 분석해본 결과가 중요한 것은 핀란드는 전체 인구 중 70% 이상이 영어로 대화가 가능하고, 영어말하기 능력은 세계 3위ETS라는 점 때문이다.

핀란드 사람들의 영어 인터뷰 단어 수준을 분석해보면, 93.4%가 2,000개 단어 이내로 사용하고 있다. 즉, 2,000개 단어 이내에서 자신이 하고 싶은 모든 말을 정확하고 풍부하게 구사하는 것인데, 핀란드의 경우를 보더라도, 지금 당장 영어단어 하나를 더 외우기보다 사고방식의 개혁이 우리에게 더 절실하다는 것을 알 수 있다. 왜 우리는 이 정보화, 세계화 시대에서 그리고 구글 세상을 살아가면서도 여전히 수만 개의 영어단어를 외우는 것만이 영어를 잘하는 필수요소라고 생각하는가. 나는 이 부분이 세계 8대 불가사의에 들어간다고 본다.

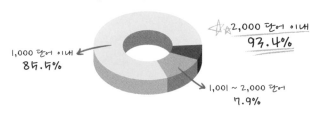

핀란드 사람들의 영어 단어 사용 분석

※ 출처; 연세대학교 영어코퍼스연구소

☆★2,000 단어 이내
93.4%

1,000 단어 이내
85.5%

1,001 ~ 2,000 단어
7.9%

　그냥 남들이 하니까 따라 하는 영어공부가 아닌, 내가 정말 영어를 잘하고 싶어서 하는 공부라면 세계인들의 영어공부 방식을 좀 살펴볼 필요가 있을 것이다. 세상도 변하고 정치도 변하는 시대에 기성세대의 답습을 거부하면서도 정작 본인은 구시대의 사람으로 살고 있는 것은 아닌가 말이다.

　이제, 사회에만 개혁을 요구하지 말고 우리 스스로도 개혁할 필요가 있다. 남들을 비난하고 그들에게 변화를 요구하면서 자신에게는 너그럽지 말자. 오바마 대통령의 말대로 '우리 자신이 바로 우리가 기다리던 사람들이다. 우리 자신이 바로 우리가 찾던 변화'다. 특히, 우리의 영어공부에는 전반적인 변화가 절실하다.

영어공부는
어려서부터 해야 한다?

나는 개인적으로 중·고등학교 시기는 외국어를 공부하기 좋은 시기가 아니라고 생각한다. 아예 어려서 배우거나 아니면 오히려 고등학교를 졸업한 이후가 외국어를 배우기에 적절한 시기라고 생각한다. 특히 고등학교를 졸업한 후 언어를 습득하면 물론 발음은 좋지 않겠지만 언어구사력은 훨씬 빠르게 발달한다. 언어라는 것은 내 안의 생각을 보여주는 것이기 때문에 아는 것, 경험한 것이 많은 사람이 말도 빨리 는다.

하지만 중·고등학교 시절은 내 안에 하고 싶은 말이 풍성해지도록 내 지식을 늘리고 주관을 만들어가는 시기다. 이때 어설프게 외국어 공부를 하느라 '지식의 창고'가 비어버리면 할 말도 없고 하고 싶은 말도 없어지는, 한마디로 영어도 못하고 국어도 못

하는 공허한 상태가 되어버린다.

차라리 지식, 경험, 가치관이 충분히 쌓여 내 안에 보여줄 것
이 많은 상태에서 그것을 표현할 수단으로 외국어를 습득하는 것
이 순서일 것이다. 언어를 배워도 하고자 하는 말이나 생각이 없
다면 무슨 의미가 있겠는가. 나는 대학교 4학년이 되어서야 영어
를 접했던 것이 오히려 다행이었다고 생각한다. 내가 다른 사람
들보다 빠르게 영어를 습득했던 이유도 '사회적 경험이나 지식'
이 충분히 쌓인 상태에서 언어를 배워서 상황에 따른 응용력이
빨랐기 때문일 것이다. 핀란드의 경우를 보더라도 어려서 외국어
를 배우는 것보다 중요한 것은 충분한 지식의 습득, 풍부한 독서,
깊이 있는 모국어의 사용 등이 우선시되어야 한다. 그렇게 자기
자신 안에 보여줄 것이 많을 때, 그것을 보여주기 위해 외국어를
배우는 것이 좋을 것이다.

정말 2,000개의 어휘만으로 영어가 가능해?

당신의 언어를 Reorganize하라!

영어는 둔하고 뭉개지는 언어가 아니라 예민하고 정교하게 나뉜 조각들로 그 조밀도가 아주 높은 언어다. 그렇기 때문에 영어공부는 무작정 어휘나 문법과 같은 내용들부터 채워넣는 공부가 아니라 먼저 당신의 언어에 대한 학습 자세, 개념, 구조와 분류, 사용 기준에 대한 이해, 즉 전체 그림과 세밀한 분류들에 대한 자잘한 기준들을 머리에 세워주는 사고의 구조 개편에서부터 시작되어야 한다.

《Longman Communication 3000》에 의하면 실제 사용되고 있는 영어의 86%는 3,000개의 단어로 이루어져 있다고 하며,

Fry & Kress의 《The Reading Teacher's Book Of Lists》에 의하면 필수단어는 1,000개라고 한다. 예일 대학의 언어학 교수인 윌리엄 A. 반스 또한 1,500개의 단어만으로도 세련된 영어 커뮤니케이션이 가능하다고 주장한다. 그런데 우리는 어떠한가? 반평생 'Vocabulary 22,000'을 공부하면서도 끊임없이 어휘가 약해서 영어를 못한다고 자학한다.

만약 22,000개의 단어를 그저 외워서 머릿속에 넣었다고 치자. 그것으로 무엇을 할 수 있을까. 중1의 기본단어는 대략 500개이고, 중3은 3,000개며 고3은 1만 5,000개가 필수단어라고 한다. 그렇다면 앞에서 언급한, 우리에게 필요하다는 단지 2,000개의 단어는 어떻게 된 것일까. '토익시험은 중2 수준이다. 혹은 우리가 중학교 수준의 영어만 잘해도 된다'는 등의 이야기들을 들어본 적이 있을 것이다. 그렇다면 우리가 알고 있는 단어가 2,000개조차 안 된다는 걸까? 물론 그렇지 않다.

예를 들어, 우리는 like를 알고 있다. 아니 알고 있다고 믿는다. 문제는 많이 본 것과 아는 것을 혼동하고 있다는 것이다. 우리는 like를 알고 있는 것이 아니라 이 단어를 많이 봐서 익숙해진 것이다. 이렇게 우리는 그 많은 단어를 외웠어도 실상 제대로 쓸 수 있게 알고 있는 것이 아니다.

사실, 필수어휘는 2,000개라는 말은 수치 놀음일 수도 있다. 표와 같이 like를 정리하면 하나의 단어에서 파생된 8개의 단어가

나온다. 단순히 단어를 하나의 뜻으로만 암기하는 것이 아니라 이렇게 의미망으로 정리해보면 2,000개라는 단어는 실제 체감상으로 1만 개가 훌쩍 넘어간다.

결국 기본어휘 2,000개를 단순히 뜻만 하나씩 달랑 암기하는 식이라면 당연히 기본단어만으로 영어를 잘하기는 힘들다. 하지만 이렇게 하나의 단어를 가지고도 어떤 문장에서, 어떻게 다양한 의도로 쓰이는가를 이해한다면 기본어휘만으로도 충분히 영어능통자가 될 수 있다.

　이제 우리는 그동안의 겉만 있어 보이는, 양으로 승부하는 양치기 공부법, 너저분하게 늘어놓는 공부를 재정립해야 한다. 더 많은 단어를 암기할 것이 아니라 지금 알고 있는 단어들의 분류와 사용 기준들을 정리해야 할 때다. 즉, 어디서 많이 본 단어들 혹은 내가 알고 있다고 착각하는 기본단어들만이라도 다시 체계적으로 그 쓰임을 분류하고 확장해본다면, 우리는 지난 영어공부에 대한 결정적인 전환점을 맞이할 수 있을 것이다.

정말 공부머리는
따로 있을까

최근에 〈셜록홈스〉라는 영국 드라마가 엄청난 인기를 끌었었다. 영화나 드라마에서 천재 주인공은 흔한 캐릭터지만 그들을 관찰해보면 재미있는 공통점들이 있다. 일단 천재 주인공이 등장하면 자막이 2배 길이로 늘어나고 속도가 빨라진다. 말의 속도가 생각의 속도를 못 따라가기 때문이다. 두 번째 특징은 관객들에게 친절하게 보여주는 천재의 머릿속이다. 그들은 항상 자신의 머릿속의 기억과 단서와 그것들의 연결로 문제의 해결 방법을 유추해낸다.

천재란 모르는 것을 저절로 아는 사람이 아니라 자신이 과거나 현재에서 보고 들은 것들을 세세하게 기억에 저장하고 필요할 때 그 기억들을 소환해 자신이 처한 상황에 연결시키는 데 능숙

한 사람이라고 할 수도 있다. 그 대표적인 예가 〈셜록홈스〉에 나오는 기억의 궁전mind palace이다. 시리즈3에 나오는 악당 마그누센은 세상의 모든 중요한 기밀들을 가지고 사람들의 약점을 이용한다. 그의 비밀 금고를 찾기 위해 영국 정보국과 모든 사람들이 달려들지만 그 비밀 금고는 실제로는 존재하지 않았다.

그는 단지 의자에 앉아 조용히 자신의 머리를 열고 들어갈 뿐이다. 그의 머릿속에는 도서관과 같은 궁전이 있다. 궁전 안에는 분류된 기둥들이 있고 인덱스index들이 있다. 그 인덱스를 따라 필요한 기억을 저장한 장소를 찾아 들어간다.

그는 세상의 모든 비밀들을 머릿속에 저장하고, 도서관처럼 인덱스로 분류하고, 분류한 장소로부터 더 깊이 들어간다. 그렇게 모든 기밀은 그의 기억 속에 있으며 언제든 필요에 따라 꺼내 쓸 수 있는 무기가 된다.

이제 우리의 영어공부에서도
기억의 궁전과 같은 '영어의 궁전'을 만들어보자

'여행'이라는 단어의 저장소를 만들어보면 일단, '여행'이라는 인덱스가 크게 travel · trip · tour로 분류가 된다. 이 중에서 우리나라 여행사 이름은 대부분 ○○ tour다. 왜냐하면 어딘가로 놀러 갔다 다시 돌아오는 것이기 때문이다.

　여행을 가려면 호텔을 예약해야 한다. 먼저 '호텔' 인덱스로 들어가면 '준비하다'가 나온다. 이때 분류 기준은 내가 짐가방을 싸는 것처럼 개인적인 준비냐 혹은 예약이나 일정 등의 외부적인 준비냐. 호텔 예약은 외부적인 일정을 준비하는 것이니까 arrange for를 쓴다. 호텔 방은 바다가 보이는 ocean view로 예약한

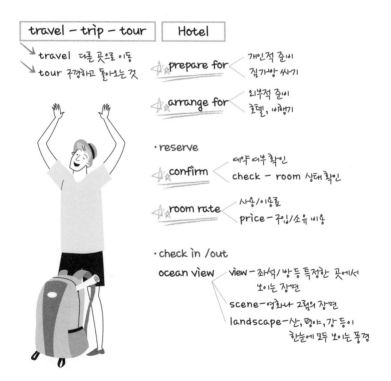

다. 예약을 하고 나서 '확인'을 할 때는 confirm my reservation을 쓰고, 방의 청결 상태나 예약의 진행 상황을 확인할 때는 check the room이라는 표현을 쓴다.

영어라는 언어는 이렇게 필요한 단어들을 '묶음group'으로 주제별로 묶어서 각 기억의 방을 만들어주고, 응용 훈련을 하면서 체화하는 것이다. 하나의 묶음 안에 이렇게 관련 정보들을 모아 체계적으로 분류하고 입력한 후에 기준에 맞게 사용하는 것인데, 최대한 많은 정보를 세밀한 분류코드로 나누어 머릿속에 잘 정리하고 그것을 빠르게 응용하는 사람들이 공부머리가 있다고 할 수 있다. 결국 공부머리라는 것은 따로 있는 것이 아니라 개인마다 자신의 뇌를 얼마나 효율적으로 잘 사용할 수 있는가의 문제다.

또 다른 영화의 예를 들어보자면, 〈리미트리스〉라는 영화가 있다. 리미트리스는 일종의 천재가 되는 약이다. 보통 사람은 자신의 뇌를 20%도 못 쓴다는데, 이 약을 먹으면 뇌가 100% 활성화된다. 그렇다고 창의력이 생기거나 원래 몰랐던 것을 알게 되는 것은 아니다.

이 약의 기능은 단순하다. 과거에 보고 듣고 읽은 것들(기억의 어딘가에 있는 정보들)을 필요할 때마다 기억에서 빠르게 끄집어내거나 현재의 현상을 다각도(정교한 분류 기준들)로 분석해서 결과를 예측해낼 수 있게 생각의 프로세스를 빠르게 하는 것이다.

사실 우리 대부분은 자신이 생각하는 것보다 더 많은 지식, 많은 영어를 머릿속 어딘가에 넣어놓았다. 그러니 이제 영어공부는 그만하고input 이미 자신의 머릿속에 있는 영어의 지식들을 되살리고 분류하고 소환하는 방법output을 익히는 것이 더 생산적이다. 제발 공부는 그만하고 앉아서 생각이라는 것을 차분히 해보자. 영어를 어떻게 저장하고 어떻게 분류하고 어떻게 써먹을 것인가 하는 분석력, 그것이 지금 우리에게 필요하다.

앞에서도 언급했듯이 언어는 자연스럽게 익혀야 한다고 주장하는 사람들도 있다. 정말로 공부가 취미인 사람들은 오랜 기간 습관적으로 노력해, 꾸준히 자연스럽게 영어를 익히는 경우도 있다. 그러나 그것은 그들의 취미인 지식을 파고드는 대상이 언어였던 것뿐이다. 다른 분야의 지식을 파고들었어도 그들의 성향상 자연스럽게 습득해냈을 것이다. 그들은 '공부가 가장 쉬웠어요'인 사람들이니 여러 언어들을 습득하는 것이 취미일 수도 있겠다.

그러나 불행히도 우리에게는 그런 공부머리나 공부체질이 없다. 공부를 잘할 수 있는 수단은 없는데 그저 공부를 잘하고자 하는 욕구만 있으니 욕구불만으로 평생을 보내며 영어에 대한 열등감으로 존재는 작아져만 간다. 그렇다면 우리에게 필요한 것은 지금 당장 영어책을 집어 들기보다 언어를 습득하는 머리와 체질을 만드는 것이 우선일 것이다.

우리 머릿속은
영어의 블랙홀이다

　우리에게 영어란 대부분 어디선가 많이 보고 들어본 것들이며, 머릿속 기억 너머 저편에는 지난 십수 년간 배워 온 영어공부의 자투리들이 흩어져 있다. 사실 우리에게 필요한 모든 영어는 이미 우리 기억 안에 들어 있다. 그래서 나는 수업시간에 우리의 머릿속은 휴지통이라는 말을 자주 한다. 휴지통에는 없는 것 없이 모든 잡동사니들이 들어 있지만 막상 쓸 만한 것이 없다는 것이 함정이다. 그러니 우리에게 필요한 것은 무엇인가를 더 배우는 것이 아니라 자신의 휴지통을 정리해서 쓸 수 있게 꼼꼼히 정리하고 가볍게 응용하는 기술이다. 언어라는 것은 '사용 매뉴얼'의 습득이 그 학습 내용을 채우는 것보다 우선이다.

　우리가 영어공부를 할 때마다 매번 헛발질을 하는 이유는 영

내 머리에 영어의 무덤이 있다

어라는 언어에 대한 분류와 저장 기준이 머릿속에 없기 때문이다. 아무리 많은 단어의 뜻을 외우고 문법을 배워도 그저 단편적인 조각들이 되어 흩어져 있을 뿐이다. 각각의 영어단어들은 마치 여기저기에 흩어져 있는 퍼즐조각처럼 머릿속을 떠돌아다닌다. 이 퍼즐조각들을 맞추는 법을 알아야 전체 그림이 나오는데 조각들만 끊임없이 모으고 있으니 공부를 하면 할수록 머릿속은 더 산만해지기만 한다.

우리 모두는 생각보다 상당히 많은 영어공부를 해 왔다. 그러니 자신이 영어를 못한다는 강박에 이제는 그만 시달려야 한다.

나에게 타고난 공부머리가 없다면 만들면 된다!

기업들은 경기가 어려우면 구조조정을 한다. 기업의 규모에 비해 쓸데없이 비대해진 조직에서 필요 없는 인원들을 정리해 조직을 좀 더 작고 효율적인 운영체제로 개선하기 위함이다. 이처럼 쓸데없이 많은 우리 뇌 속의 영어 지식들도 구조조정 할 필요가 있다. 지난 수년간 우리의 머릿속은 쓸모없는 수많은 영어 지식들로 인해 비대해지고 둔해져 있다. 한마디로 우리의 뇌는 불필요한 영어가 너무 많이 들어가 있어 둔하고 느리고 무겁기만하다.

기업의 조직이 지나치게 커지면 명령체계가 길어져 모든 일 처리가 오래 걸리고 시장 변화에 둔감해지듯이, 우리도 느려진 자신을 그리고 자신의 뇌를 효율적으로 경영해야 한다. 바로 필요한 부분을 파악하고 범위를 좁혀서 집중하는 전략적인 경영 기법인 '구조조정restructuring'을 영어공부에도 도입할 필요가 있다. 중학교, 고등학교 그리고 지금까지 평생을 끼고 있는 영어의 찌꺼기들을 뇌에서 과감히 해고하지 않으면 영어를 위한 공부머리를 만들 수 없다.

영어를 위한 공부머리를 만들기 위해 '영어의 궁전'을 지어
보자. '영어의 궁전' 만들기는 다음의 2개의 커다란 기둥을 세우
는 것에서 시작해야 한다.

영어식 사고를 위한
의미망 분류와
알고리즘

영어는 라틴어나 그리스어, 프랑스어 등 잡다한 언어에 기초한 언어로 오래된 역사를 갖고 있다. 따라서 단일어인 한국어보다 엄청나게 많은 단어들을 복잡하게 사용하는 것은 당연하다. 하나의 언어 안에 수많은 언어들과 오랜 역사를 녹여냈으니 그 언어의 특성은 마치 미로처럼 공부를 해도 해도 끝이 없고, 그 쓰임새들이 매번 화려하게 달라지는, 까도 까도 속이 나오는 양파 같다.

100만 개가 넘는 단어들과 복잡하고 다양한 구문들을 가진 영어라는 언어는 그렇기 때문에 오히려 논리적으로 계속 정리를 하려는 습관을 가지고 있다. 그래서 문법이라는 것이 복잡하게 발전해 있고 어휘 또한 분류와 체계를 중요시한다.

한마디로 영어를 정의하자면, 논리적으로 분류하고 공식으로 조합해서 쓰는 언어라고 할 수 있다. 그렇기 때문에 자연스럽게라는 접근이 되지 않는다. 따라서 성질만 급해서 지금 배운 것을 당장 써먹는 데만 급급한 사람들은 인내심을 가지고 천천히 영어의 특성에 대해 먼저 생각해볼 필요가 있다.

영어의 논리는 크게 두 가지 축으로 나뉜다. 지금부터 '의미망 분류법'과 '사용 기준, 즉 알고리즘', 우선 이 두 가지를 이해하고 나면 자신에게 맞는 공부법이 나올 것이다. 막상 공부는 그 뒤에 해도 늦지 않는다. 사실 우리나라는 높은 교육열에 비해 다양한 학습방법이 발달하지 못했다. 그러니 아직도 옛날 옛적의 공부 방식, 즉 단순 단어 암기와 해석 위주의 영어공부를 하고 있는 것이다. 우리 할머니 할아버지, 엄마 아빠가 공부했던 《성문종합영어》와 학력고사 시절부터 수능 세대까지 이어지는, 박물관에나 가야 볼 수 있는 영어책으로 공부를 하고 있다. 이제 그 오래된 공부법은 버리고, 영어를 위한 '영어식 뇌의 구조'로 우리의 공부를 최적화시켜보자.

사람들의 생각과 감정, 의식 등을 표현하고 전달하기 위한 '언어'라는 것을 공부하려는 몸부림은 길고 긴 언어학Linguistics의 역사와 많은 학자들의 노력을 거쳐서도 결국 완성되지 못했다. 그러니 당신의 영어공부가 쉽지 않은 것은 당연하다. 일단 우리는 완벽한 영어공부보다는 자신에게 맞게 그리고 쉽게 자신의 몸에 영어를 입힐 수 있는 방법을 찾아봐야 한다.

길고 긴 영어학과 언어학의 역사 속에는 다양한 학문적인 분류와 깊이 있는 연구들이 있지만 사실 우리에게는 너무나 멀고 먼 어려운 이야기들이다. 이제부터 우리가 살펴볼 방법은 우리와 같은 일반인들이 쉽게 사용할 수 있는 '의미망 분류법'이다.

언어학의 학문적인 정의나 기준을 일부 차용하겠지만 실제 현장에서 쓰이는 분류법이 제시될 것이다. 현장에서 발로 뛰며 강의를 하다 보면 최고의 방법이 아니라 실제 우리에게 최적화된 방법을 찾아내게 되기 때문이다.

《잊을 수 없는 콘텐츠 만들기》의 저자, 카먼 시몬[2]은 기존의 콘텐츠 90%에 새로움을 10% 추가하면 독창적인 내용으로 인식된다고 주장한다. 우리의 길고 지루했던 기존의 영어공부는 물론 중요하다. 그리고 우리는 이미 90%에 해당하는 영어 지식들을 무의식중에 접했다. 하지만 기존의 방식으로는 도저히 영어와 친해질 수 없다. 그러니 지금부터는 우리의 영어에 10%의 독창성을 넣어주자. 기존의 어려운 영어공부법의 용어들을 배제하고, 현실에서 사용하기 쉬운 기준들과 분류법을 가지고 우리의 뇌 구조를 영어에 최적화시키고 자신만의 '영어의 궁전'을 지어보도록 하자.

---

2   Carmen Simon, 《Impossible to Ignore》McGraw-Hill Education
     매일경제, 카먼 시몬 저자 인터뷰, 2016.12.02

영어의 궁전을 짓고
기억의 방 만들기

    우리에게 필요한 기본 단어와 문장을 응용하기 위해서는 최소한의 문법으로 압축해 효율적으로 사용해야 하는데, 그러기 위해서는 내가 실제로 써먹을 수 있는 나만의 영어의 맵map을 만들어주는 것이 반드시 필요하다. 그 맵의 형태는 개인마다 다르겠지만 일단 출발은 단어 분류에서 시작되게 된다.

    앞에서 언급했듯이 많은 언어학자들은 개인들이 머릿속에 백과사전식 언어 사전을 가지고 있어야 한다고 주장한다. 단순한 단어의 뜻이 들어가 있는 단어사전이 아니라 백과사전식의 사전이 필요하다는 것이다. 백과사전식 사전이란 단어들이 '어떤 상황에서 어떤 의도로 어떤 단어들과 어떻게 쓰이는지'를 함께 인식하는 것이다.

예를 들어, house는 집이지만 doll house는 실제 집이 아니라 장난감의 분류에 들어가고, royal house는 황실 가문의 분류에 들어간다. 이런 식으로 각 단어의 쓰임에 대한 배경지식과 상식, 경험, 판단력, 인지력 등을 종합해 언어를 구사할 수 있는 '백과사전'을 머릿속에 넣어야 한다.[3]

나는 이런 백과사전을 '기억의 방'이라고 부른다. 나만의 '영어의 궁전' 안에 단어를 분류하고 저장하는 기억의 장소들 말이다.

이런 방식들은 마인드맵mindmap으로 적용하기도 하고 로드맵

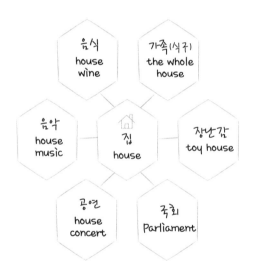

---

3   Nick Riemer 저, 《의미론의 길잡이》 한국문화사

road map에 비유할 수도 있다.

우리에게는 배운 것들을 응용할 영어 로드맵(혹은 영어의 궁전)이 필요하다. 우리는 마치 블랙홀같이 학습한다. 끊임없이 읽고 배우고 외우면서 머릿속에 지식을 꾸역꾸역 저장하기만 한다. 하지만 결과물이 없다. 영어 한마디, 한 줄의 영작조차도 어렵고 막막하다. 이제는 그만 배우고 머릿속에 있는 지식들을 뱉어내줄 프로세스를 만들어야 한다. 지금까지 우리의 머릿속은 배움이 들어가는 길만 있고 나오는 길이 없는 일방통행이었기 때문이다.

언어학적인 많은 영어 분류법 중에 대표적인 접근법은 '의미망 분류'다. 영어는 단어들이 미세한 기준들로 분화되어 있는 언어인데, 이처럼 많은 양의 정보를 정리하기 위한 목적으로 발달한 일종의 빅데이터 기법이라고 할 수 있다. 의미망[4]은 기본적으로 단어들을 하나씩 정리하는 것이 아니라 언제, 누구와, 어떻게 써야 하는가, 혹은 의미상 관련성이나 동의어, 반의어 등으로 분류한 단어들을 의미망으로 연결해 기억하고 사용하는 것이다.

특히 일상에서 자주 쓰이는 1,500개의 기본어휘를 어떻게 의미망(짝, 묶음 등)으로 만들어 분류하고 기억하고 사용할 것인가. 기억의 궁전처럼 우리의 뇌에도 영어단어들을 저장하는 공간을

---

4   (정의) 의미망, 즉 semantic network란 단어들을 의미의 관련성에 따라 연결시키는 방법이다. 이때 의미의 관련성은 동의, 반의 개념이나 연상 개념 등 다양한 관계들로 망을 만들게 된다.

만들어야 하는데 그러기 위해서는 그 분류 기준들을 어떻게 세워야 할지를 먼저 알아야 한다.

　이러한 언어의 분류 기준들이 반드시 정해져 있는 것들은 아니다. 학문적으로 정해진 기준들보다 사용자 각자의 성향이나 경험, 어휘력 등에 따라 스스로 만든 분류 기준들이 더 중요하기 때문이다. 얼마나 많은 단어들에 세밀하고 꼼꼼하게 분류코드들을 넣어 저장하고, 필요할 때마다 얼마나 순발력 있게 연결해서 사용하는가가 그 사람의 언어능력을 좌우한다고 할 수 있다.

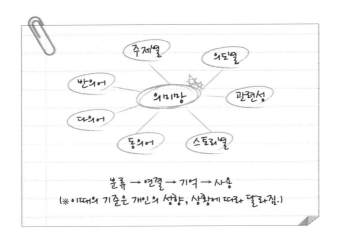

영어의 입을 트이게 할
입출력 프로세스 깔아주기

얼마 전 한 강연 프로그램에서 읽고 듣기보다 '말하고 글쓰기'가 중요하다고 강조하는 내용을 들었는데 나도 그 말에 100% 동감한다. 우리는 배움이 부족한 것이 아니라 배운 것을 밖으로 꺼내 보이는 것이 부족한 것이다. 우리는 심지어 우리말로도 자신의 의도를 논리적으로 말하는 훈련이 부족하다. 무조건 많이 읽고 자신의 이야기를 하는 것보다 상대의 이야기를 듣는 것을 미덕으로 생각한다. 그러다 보니 뭔가를 많이 아는 것 같은데도 자신이 없고, 느낌은 아는데 말로 표현을 잘 못한다. 아는 것과 자신이 실제로 쓸 수 있는 것은 전혀 다르다. 많이 보고 들었다고는 하지만 막상 내가 자유자재로 쓸 수 없다면 아는 것이 아니기 때문이다. 요즘 우리는 보고 들은 것은 많지만 실제로 내가 할 수 있는 것은 그다지 많지 않다는 함정을 가지고 있다. 그런 겉핥기식 지식은 연예기사 가십거리만큼이나 쓸모가 없다.

수동적으로 듣고 배우는 것과 내가 주도적으로 설명하는 것은 다르다. 한국어라도 막연한 생각들을 밖으로 꺼낸다는 것은 많은 훈련을 요하는 작업이다. 빈약한 근거나 느낌만으로는 생각은 할 수 있어도 논리적으로 말은 할 수 없기 때문이다. 나의 의도를 논리적으로 말이나 글로 표현하는 것은 '명확성'을 요구한다. 말이라는 것은 그 사람의 뚜렷한 주관과 리더십, 고민의 흔적과 생각의 깊이를 모두 보여주기 때문이다.

인터넷 댓글을 보면 한 줄 비판에는 모두가 상당히 강하다. 그러나 면접이나 프리젠테이션에서 하나의 주제로 서론에서부터 결론까지 그리고 비판에 대한 대응까지 논리를 끌고 갈 수 있는 사람은 많지 않다.

사실, 한국어에도 말을 잘하기 위한 논리적 사고, 단계별 생각들이 필요하다. 그리고 남의 나라 말인 영어에서는 더욱 이러한 논리와 체계의 과정들이 필요할 것이다. 즉, 자신이 하고 싶은 말을 밖으로 꺼낼 수 있는 언어의 프로세스가 필요한데, 이것을 위한 사용 기준을 '언어의 알고리즘'이라고 할 수 있다. 그중에서 영어의 알고리즘이란 어휘와 품사를 기본으로 한다. 정확한 단어의 선택과 문장으로의 연결이 논리적 언어능력의 초석이기 때문이다.

실제 언어학에서는 1970년대부터 컴퓨터 프로그래밍의 입력과 출력 과정 그리고 그 안의 명령어들의 체계를 언어와 비교해 연구하는 흐름이 생기고 있다.[5] 나는 언어를 효율적이고 체계적으로 사용하는 방법이 컴퓨터의 알고리즘과 비슷하다고 생각한다.

당신이 하고자 하는 말이 실제 영어의 문장으로 출력되기까지의 과정과 단계별로 입력해야 할 명령어, 즉 단어와 품사들로 조합을 도식화해 처리하는 능력이 영어의 알고리즘이다.

프로그래밍 언어의 경우에도 기본적으로 프로그램 어휘를 분석하는 단계와 그것을 구문트리syntax tree로 만드는 단계의 두 단계를 합한 일련의 처리단계를 거친다.

이렇게 도식을 이용한 공부법을 패턴 영어라고도 하는데 요즘 우리들이 많이 공부하는 기초영어 회화 방법들이 이를 기초로 한다. 기본적인 조합의 틀을 먼저 배우고 응용하는 것이다.

> **1단계** 　동사를 바꾸어가면서 연습한다.

I want to (eat).

I want to (go).

I want to (sleep).

5　　Nick Riemer 저, 《의미론의 길잡이》 한국문화사

2단계 주어를 바꾸어가면서 연습한다.

(I) want to eat.

(You) want to go.

(He) wants to sleep.

3단계 do를 붙여서 의문문을 연습한다.

(Do) you want to eat?

(Do) you want to go?

(Do) you want to sleep?

4단계 did not을 붙여서 부정문을 연습한다.

I (did not) want to eat.

I (did not) want to go.

I (did not) want to sleep.

최근에 이런 문장 조합법에 바탕을 둔 기초강의가 유행하고 있다는 것은 사람들이 고리타분한 '문법'에서 벗어나 당장 사용할 수 있는 실용 영어에 접근하고 있다는 것을 보여준다. 사실 영어는 학문이 아니라 의사소통의 수단이며, 패턴과 템플릿의 언어라는 특성을 갖는다.

이런 패턴의 조합에 대한 이해를 위한 공부법이 바로 영어의

구문론 혹은 조어법이다. 이러한 문장조합의 패턴들은 '공식화'
시키고 '사칙 연산 방정식'처럼 체계적으로 응용해야 한다. 이와
같은 패턴 공식들과 문장의 조합의 체계를 '영어의 알고리즘'이
라는 개념으로 이해하면 쉬울 것이다.

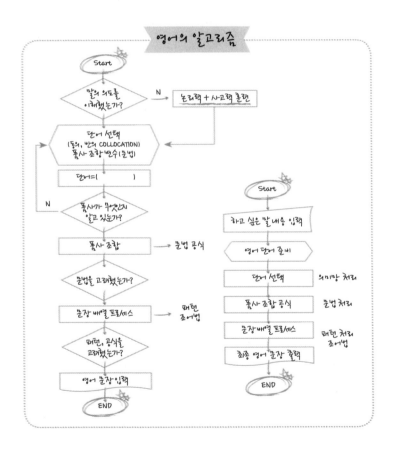

영어 의미망을 위한
뇌 구조 만들기

영어의 의미망 분류는 학문적으로 매우 세세하고 논리적이기 때문에 우리처럼 영어전공자가 아닌 사람에게는 너무나 벅찬 공부가 될 것이다. 그 분류를 제대로 공부한다는 것은 오히려 배보다 배꼽이 더 클 수 있다는 이야기다.

그러니 나의 경험상 일반적으로 우리가 사용하기 쉬운 방법으로 분류해 저장하고 문장으로 연결해 쓰는 방식을 소개하려 한다. 사실 언어라는 것은 사용자의 언어 구사력이나 사고의 방식, 경험에 따라 각 개인별로 다르게 최적화되는 것이기 때문에 학문적인 분류들은 큰 의미가 없다고 생각한다. 언어나 사회 전반에 걸친 모든 학문들은 사실 현상이 먼저 발생하고 이론이 뒤에 따라온다. 그렇기 때문에 이론은 이미 죽은 학문이나 마찬가지다. 살아 있는 우리의 오늘을 모두 이론으로 설명할 수는 없다. 영어학이나 언어학이 각광을 받지 못하고 실용이 목적인 회화나 토익과 같은 영어공부가 대세인 이유도 어찌 보면 같다고 할 수 있다.

일단 영어라는 언어에서 가장 중요한 분류의 뼈대는 '모든 영어단어는 혼자가 아닌 짝이나 묶음으로 존재한다'는 것과 '모든 문장들은 정해진 배열의 패턴'들로 조합되고 변형된다는 것이다.

즉, 우리나라 말처럼 기본적인 단어 뜻만 알면 자유롭게 문장이 되는 것이 아니기 때문에 영어의 법칙을 먼저 이해하는 것이 매우 중요하다.

다음 그림은 영어단어들의 짝이나 묶음을 나누는 의미관계 semantic relation의 주요 범주들과 일반적인 사용에서의 분류 기준들을 편의적으로 추가한 것이다. 몇 가지 대표적인 분류법을 보고 나면 나머지 세세한 분류의 기준들과 논리적 판단들은 스스로 세울 수 있게 될 것이다.

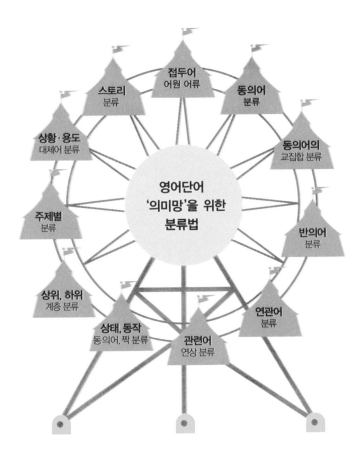

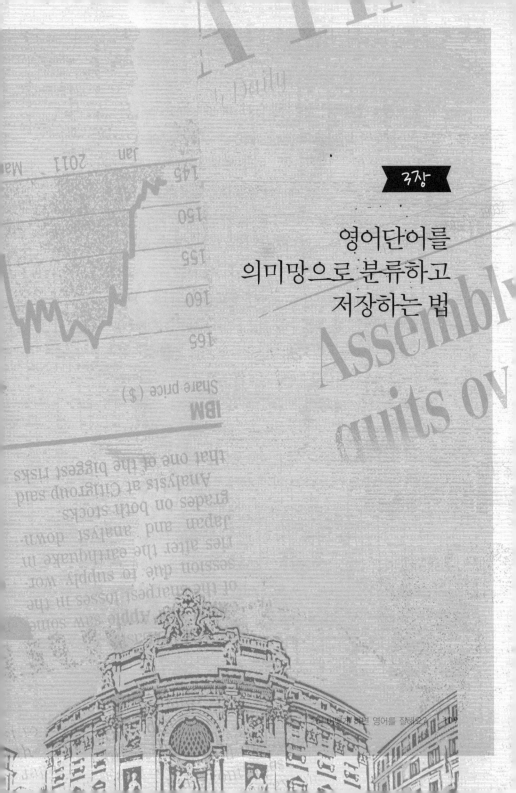

3장

영어단어를
의미망으로 분류하고
저장하는 법

기적의 암기법인데
막상 쓸 데가 없네

라틴어에서 어원이 유래된 port는 항구라는 뜻이다. harbor도 항구라는 뜻이어서 둘 다 사용되고 있는데 port가 더 오래, 더 많이 사용되고 있는 단어다.

port는 라틴어 porta 또는 portus에서 나온 말로 문 또는 입장이라는 뜻이다. 또한 port에는 '운반하다'라는 기본 뜻이 있다. 배는 지금도 그렇지만 예전에는 지금보다 훨씬 중요한 교통수단이었기 때문에 배를 이용해서 항구를 오가고 물건을 싣고 내렸다. 이런 배경을 먼저 이해하면 단어들을 기억하기가 한결 수월해진다.

port와 관련된 몇 가지 단어들을 살펴보면, 예전에는 주로 배를 타고 다녔기 때문에 port가 중요했지만, 이제는 바다로 다니는 것이 아니라 하늘로 다닌다. 그래서 airport라는 단어가 생겨났다. 그 외 import는 수입이란 뜻으로 밖에서 안으로 가지고 들어오는 것을 말한다. 반대로 밖으로 내보내면 export, 즉 수입의 반대인 수출이라는 뜻이 된다.

또한 다음, 네이버, 야후, 구글 등 포털사이트를 portal sites라고 한다. portal은 아주 큰 문을 말하는데 바로 이 port라는 단어에서 나온 말이다. 또한 물건을 운송, 수송하는 것을 transport라고 한다.

다른 나라를 갈 때 꼭 챙겨야 하는 것이 있다. 문을 통과하려면, 그러니까 port를 pass하려면 뭐가 필요할까? 그래서 여권을

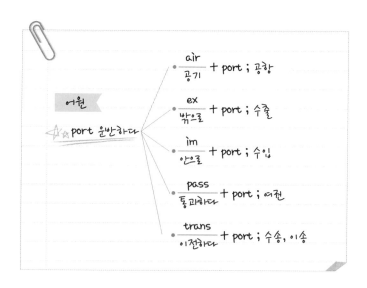

passport라고 한다. 그 외 porter는 짐꾼이라는 뜻이며, 외국인이 다른 나라에서 큰 문제를 일으켜 추방시키는 것은 deport다. 호주에서는 여행을 할 때 쓰는 옷가방을 port라고도 한다.

any port in a storm(궁여지책)은 어려움을 당했을 때는 그것이 어떤 해결책이건 간에 그 고난에서 벗어나기 위한 길을 받아들이지 않으면 안 된다는 뜻으로, 우리말의 '찬밥 더운밥 가릴 상황이 아니다'라는 말과 일맥상통한다.

이번에는 접두어로 넘어가보자. 대표적인 접두어로는 en이 있다. en을 붙이면 make의 의미가 되어 '~하게 만들다'라는 뜻이 된다. courage는 용기, encourage는 용기를 가지게 하다라는 의미다. large는 커다란, enlarge은 확장하다라는 뜻이다. sure는 확실한, ensure는 확신을 가지게 하다라는 의미다.

이런 접두어나 어원 등을 중심으로 의미망을 만들어 암기하는 방법은 가장 흔하고 전통적인 단어 공부법 중 하나다. 하지만 이러한 단순한 단어 암기 기술은 많은 단어를 한꺼번에 외우게 할 수는 있지만 전체 영어문장에 대한 감각을 만들어주지는 못한다. 막상 말을 하려고 하면 머릿속에 단어들만 홀로 동동 떠다니며 문장으로 완성이 되지 못한다는 단점이 있다. 그러니 이런 많은 단어의 암기 이전에 먼저 영어식 사고, 즉 근본적인 영어의 분류와 조합에 대해 이해해보자. 일정한 법칙으로 움직이는 영어의 특성상 먼저 큰 분류를 하고 그다음 단계로 그 안에서 단어들을 조합하는 법칙들을 배우고 나면 이러한 암기들도 도움이 될 것이다.

수많은 영어학원 광고들을 보면 하루에 수천 개의 단어를 외우게 해준다고 선전한다. 그러나 이런 식으로 암기한 것들은 '단기 기억 장소'에 머무를 뿐이다. 영어권에서는 단어를 체계적인 사고방식으로 분류해 '장기 기억' 속에 저장한다. 우리도 이런 단순 암기 기술보다는 먼저 그들이 가지고 있는 언어 사고의 틀을 머릿속에 세워볼 필요가 있다.

영어의 단어들을 위한 공부법에는 여러 가지가 있지만 자신의 목적과 성향에 맞는 공부법을 찾는 것이 중요하다. 영어학에서 어휘는 의미망(의미별 묶음)으로 묶어서 분류하는 방법, 즉 의미별 관계묶음으로 주로 설명된다. 의미별 관계묶음이란 '단어들을 의미의 관계에 따라 의미망으로 묶어주고 분류하는 것'이다.

여기서 의미별 관계묶음이란 크게는 동의어 묶음 · 반의어 묶음 · 대체어 묶음 · 연관어 묶음 · 주제별 묶음 · 이미지 연상 분류 · 계층 분류hierarchy · 품사나 문법적 분류systemic · 상황 관련 분류associative · 연어법collocation · 스토리텔링story telling · 트리 다이어그램tree diagram · 인포그래픽(다이어그램 등을 이용하는 시각적 분류) 등의 다양한 분류기법들을 말한다.

이 분류들 중에서 무엇보다도 어휘 공부에서 중요한 것은
《English Vocabulary In Use》[6]에서도 강조하듯이 연어법이다.
그 단어가 언제 누구와 어떻게 결합해 사용되는가에 대한 기준
을 가지는 것이다. 굳이 어려운 용어로 얘기하자면 화용론이나
인지언어학 쪽에서 주장하는, '단어를 문맥이나 상황에 따라 의
도를 넣고 확장해서 사용하는 능력'이라고 할 수 있다.

---

6   Michael McCarthy, Felicity O'Dell. 《English Vocabulary In Use》Cambridge University
     Press

공부에도
리더십이 있다

영어단어를 분류하고 저장하는 두 번째 방법은 좀 더 실용적인 동의어 분류법이다. 100만 개 이상의 단어들을 소화하는 데 있어 묶음으로 이해하지 못하면 그저 무의미한 암기일 뿐이다. 이런 암기는 언어능력이 아니라 단순 암기력일 뿐이다. 속성으로 암기한 단어는 머릿속에서 속성으로 사라진다. 이해는 하지 못하고 그저 외워놓기만 한 상태에서 사용해볼 기회도 없이 잊히고 만다. 이해나 배경지식이 없으니 사전을 손에 들고 있어도 영어를 못하는 것이다.

기계식 단순 암기의 무식한 공부는 의미가 없다. 요즘은 휴대전화에도 사전과 통·번역 기능이 있다. 그렇다면 손에 사전이나 통·번역기를 들고도 벙어리가 되는 이유는 무엇인가. 영어 자체

에 대한 이해와 문장 조합에 대한 감각이 없기 때문인데 그것은
사전이나 통·번역 어플들이 해결해줄 수 없는 문제다.

우리에게 필요한 것은 100만 개의 단어를 하나씩 외우는 것
이 아니라 각각의 카테고리를 만드는 것이다. 예를 들어, '아
마도 그럴 것이다'라는 표현을 위해 부사들을 외운다고 치자.
absolutely라는 단어의 뜻을 찾아보면 '절대적으로'라는 뜻이 나
온다. 그래서 언제, 어느 문장에서 그 단어를 쓸 것인가? maybe를
찾아보면 '아마도'라는 뜻이 나온다. 이 두 단어는 아예 다른 뜻
으로 이해된다. 한국어로는 아예 다른 의미지만 사실 영어권에서
는 같은 의미의 단어다.

absolutely/obviously/definitely	100%
surely/certainly	90%
positively	80%
possibly/probably	60%
maybe	50%
hardly/never	0%

위의 표에는 11개의 단어가 있다. 내가 어느 정도 확신을 갖

고 있느냐를 표현하기 위한 단어의 분류다. It is true인데 어느 정도 true이냐를 표현하기 위해 유사 단어들을 묶고 모아서 분류하니 11개가 한꺼번에 같이 이해되고 외워지게 된다. It's___true라는 하나의 문장 안에 자신의 의도에 맞추어 단어의 묶음을 저장하는 것이다. 이런 식으로 단어들을 이해하면 대화 속에 숨은 상대방 말의 뉘앙스를 잡아낼 수 있다.

하지만 사전에서 위의 단어들을 각각 찾아보면 비슷한 의미도 있고 아예 다른 의미들도 있다. 그러니 사전에만 의지한다면, 막상 언제, 어떻게 써야 할지는 영원히 알 수 없게 되는 것이다.

왜 나에게 사전은 도움이 안 되는가

이미 앞에서도 언급했듯이 영어는 하나의 단어가 분야별, 상황별, 업종별 등 여러 가지 경우에 따라 다양한 의미들을 가지고 있다. 사전이란 그 의미들을 모두 모아놓은 것이다. 그러니 사용자가 어느 경우에 이 단어를 쓰는지를 먼저 알아야 그중에서도 어느 뜻을 써야 하는지를 잡아낼 수 있다.

그래서 공부에는 리더십이 필요하다. 영어의 주체는 그 언어를 사용하는 우리다. 사전이 아니라는 뜻이다. 예를 들어, 토익 600점대 학생들에게 사전을 주고 시험을 보라고 하면 오히려 점수가 떨어진다. 해당 단어를 사전에서 찾아서 그 많은 내용을 일일이 읽다가 오히려 시간이 더 걸리기 때문이다. 그러나 900점대 학생들에게 사전을 주면 만점이 나온다. 왜냐하면 그들은 해당 단어의 어느 용도, 어떤 의미만 찾으면 된다는 것을 알고 사전을 이용하기 때문이다. 그러니 사전의 수많은 단어 뜻에만 매달리지 말고 자신의 필요에 따라 주도권을 가지고 단어를 몸에 붙인다는 느낌으로 선별해 모으는 것이 중요한다.

바로 이런 의미에서 공부에도 리더십이 필요하다는 것이다. 한 단어의 뜻이 10개라고 다 알아야 하는 것은 아니다. 내가 실제로 쓸 것들만 추려내야 공부가 가벼워진다.

이런 동의어 묶음의 분류법들은 실제 방대한 영어의 세상에서 중심을 잃지 않고 자신의 영어를 구축하는 데 가장 도움이 된다.

유사어나 동의어들을 하나의 묶음으로 모아보면 그 안에 영어의 단어들이 분류되는 코드들이 보이기 시작한다. 그 분류 코드, 즉 어떤 기준들이 있다는 것을 무조건 외울 것이 아니라 차근히 그 예들을 살펴보면, 앞으로 영어에 대한 자신만의 감각이 생길 것이다.

더 많은 동의어 분류법을 살펴보기 이전에 먼저, 동의어라는 것이 무엇인가부터 정의를 다시 내려야 할 것이다. '두 단어가 같은 거야', '둘 다 똑같은 뜻이야'라는 것은 없다. 동의어들이 정말 같은 뜻과 용도를 갖고 있다면 그 많은 영어의 동의어들이 왜 존재하겠는가. 일반적으로 한 사회에서 통용되는 단어는 대략 15~20만 개가 한계다. 우리말도 17만 개 정도의 단어로 이루어져 있다고 한다. 그렇다면 영어도 실제 단어는 15만 개 정도일 것이다. 문제는 영어의 단어들은 대부분 홀로 존재하는 것이 아니라 자신의 동의어, 유사어 묶음들을 가지고 있다는 것이다. 하나의 단어가 보통 10여 개 이상의 동의어들로 세분화되면서 더 다양한 의도를 보여줄 수 있게 된다. 동의어들은 하나의 의미나 주제별로 관련 단어들을 묶어 그 쓰임들과 차이를 분류하는 것이다. 비슷한 의미지만 언제, 누구와, 어떤 의도로 쓰이는가를 세세하게 구분한 것이기 때문에 단순히 같은 뜻이거나 아무 때나 바꾸어 쓸 수 있는 것이 절대 아니다. 이것이 우리가 영어단어를 공부하는 데 있어서 가장 혼란스러운 부분이리라.

영어로 대화를 할 때 눈치 없는 사람이 되는 건 순간이다. 영어는 단어마다 미묘한 의도를 담은 언어고, 특히 동의어가 많은 표현들일수록 각각의 미묘한 의도 차이를 알아야 세련된 대화를 할 수 있다. 이런 부분에 대한 개념이 없다면 당신은 눈치 없고 주책없는 사람이 된다. 비즈니스 미팅에서 상대가 maybe라고 했다면 정중한 거절이니 두 번 물어보지 않는 것이 좋다.

그녀는 단지 친구일 뿐이야!
only vs just

'단지'라는 의미를 가진 단어를 찾아보면 only, just, simply, merely 등 수많은 동의어들이 등장한다. 자, 이 중에서 어떤 단어를 써야 할 것인가. 그냥 아무거나 마음에 드는 단어로?

분명 우리말로는 한 단어인데 그 뜻의 영어단어들은 한 뭉텅이씩이다. 우리에게는 정말 이상한 사고방식이다. 하지만 그들에게는 우리가 이해할 수 없는 민감함을 언어에 녹이고자 하는 노력이다. 영어는 참 하고 싶은 말이 많은 언어라고 할 수 있다.

한 단어에 여러 단어들이 같은 의미로 존재하는 영어를 이해하자면 우선 그들의 단어 체계를 다시 살펴봐야 한다. 그래야 그 많은 동의어들 중에서 내가 필요로 하는 단어를 골라 쓸 수 있는 감각이 생기게 된다.

She is only the friend. (※유일한 친구)

She is just a friend. (※그저 친구 사이)

이때 '뭐 다 같은 뜻이니까' 하면서 아무거나 골라 썼다가는 순간 왕따가 된다.

간단히 차이를 보면 only는 유일함을 강조하는 것이고 just는 정확하게 어떤 조건에 맞는 것을 강조하는 것이다. 'Just a friend'라는 영화 제목이 있다. 친구라는 조건에 딱 맞는, 즉 친구 이상도 친구 이하도 아니라는 의미다.

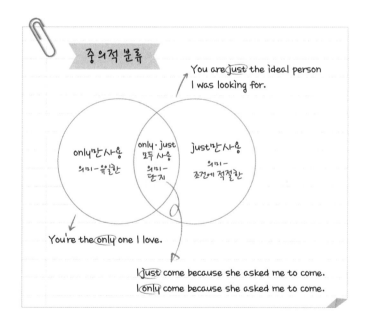

그런데 이때 only the friend를 쓴다면 유일한 친구라는 뜻이 된다. 다시 말해 '나는 왕따다'로까지 오해받을 수 있다. 팝송에서도 내가 사랑하는 사람은 '오직 너'라고 할 때 항상 only you가 들린다. You are the only one I love!라고 하면 '내가 사랑하는 사람은 오직 한 명 당신뿐'이란 뜻이 되는데, 이때에는 '유일한' 한 사람을 강조하기 때문에 only를 써야 한다.

사무실 문에 붙어 있는 문구는 Staff only이고 '나는 외동이다'라는 표현도 I am an only child다.

영어단어를 하나 외울 때는 항상 그 동의어들을 묶어서 각각의 쓰임과 경계선을 이해한 후에 암기해야 한다. 그래야 자신의 의도를 오해의 소지 없이 전달할 수 있기 때문이다. only와 just를 보면 둘 다 우리말로는 '단지, 오직'이라는 뜻이고 크게 달라 보이지 않는다. 그러나 다음의 표를 보면 좌우로 넓어질수록 동의어가 완전히 다른 뜻으로 발전한다는 것을 알 수 있다. only와 just는 분명히 같은 단어이고 병행해서 써도 되는 경우가 많다. 즉, 같은 의미로 사용할 수 있는 교집합의 구간이 있다.

just와 only는 이 교집합 구간에서는 같은 단어다.

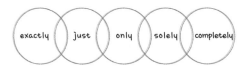

I just came because she asked me to come.

I only came because she asked me to come.

이 두 문장은 의미가 같다. '나는 (단지) 그녀가 와달라고 해서 왔을 뿐이다.' 하지만 교집합에 해당하지 않는 각각의 경우에는 반드시 구별해서 사용해야 한다.

You are the only one I love. (※유일함을 강조)

You are just the ideal person I was looking for.

(※ 내가 찾던 데 딱 맞는, 정확하게 그 사람)

※동의어 성분 분류			
	단지	조건에 적절한	유일한
just	○	○	×
only	○	×	○

just와 only에는 없는 '방금, 막' 또는 exactly라는 의미가 있다. just here는 exactly here라는 의미다. 그렇다고 표에서 보이는

exactly와 solely가 동의어는 아니다. 이런 이유로 동의어들은 이렇게 그룹으로 묶어서 나열해보아야 각 차이에 대한 느낌을 정확하게 이해할 수 있다.

예를 들어, advise는 '충고하다 · 알리다 · 통보하다'라는 의미인데, '충고하다'의 동의어는 recommend이고 '알리다'의 동의어는 inform, notify다. 하지만 recommend와 notify는 동의어가 아니다. 이렇게 하나의 의미에서만 동의어가 성립하는 것을 중의적 의미의 동의어라고 한다.

시간을 나타내는 접속사인 경우 다음과 같은 그림을 그려볼 수 있다.

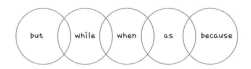

when의 경우는 while이나 as의 경우에 둘 다 사용할 수 있다. while은 ~동안 '일정 상태가 지속되는 경우'를 말하고, as는 '동시에 발생하는 동작의 경우'에 쓰인다.

예를 들어, Everyone stood up as he came in에서는 '그가 들어온 시점과 모두가 일어난 시점이 동시에 발생'한 것이다. 하지만 He called me while I was studying은 내가 공부하고 있는 동안 그가 전화를 한 것이다. 두 경우 모두 when으로 바꾸어 써도 된다. 하지만 while과 as는 같이 쓸 수 없다.

as의 경우에는 '~이기 때문에'라는 뜻도 있는데, 이 경우에는 when으로 바꾸어 쓸 수 없다. 즉, 교집합이 생기는 구간에서만 바꾸어 쓸 수 있다. 역시 while의 경우도 '~인 반면에'라는 뜻으로 쓰일 때는 when으로 바꾸어 쓸 수 없다.

우리말도 하루에 쓰이는 단어들은 한정되어 있다. 마찬가지 이유로 어려운 영어단어들을 많이 외우는 것보다는 일상에서 많이 쓰는 2,000개 단어들을 정확하게 이해하고 선별해서 사용하는 것이 중요하다. 물론 이 책 한 권으로 2,000개 단어를 모두 정리할 수는 없다. 영어단어들을 머릿속에 저장하는 분류법들을 알려주는 것뿐이다. 한마디로 물고기를 잡는 방법만 나와 있는 것이지 자신의 밥상을 차리는 데는 본인 스스로의 노력이 더해져야 한다. 공부든 기술이든 스스로 체득하는 것만이 자신의 것이 되기 때문이다.

생각의 전환,
동의어보다 중요한
반의어

　　너무나 많은 영어 동의어 중에서 어느 단어를 써야 할지 판단
이 서지 않는다면 반의어를 찾아보는 것이 가장 정확한 어휘를
선택하는 기준이 된다. 예를 들어, 지하철이 고장이 났는데 고쳐
서 원래 상태로 돌아갔다고 하자. 이때 지하철은 정상으로 돌아
간 것일까? 평소대로 돌아간 것일까? 지하철이 고장이 나서 수리
중에 있다면 어떻게 물어봐야 할까?

　　When will it be back to ＿＿＿＿＿?

　　a) normal (○)

　　b) average

　　c) regular

d) usual

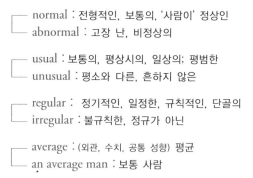

┌─ normal : 전형적인, 보통의, '사람이' 정상인
└─ abnormal : 고장 난, 비정상의

┌─ usual : 보통의, 평상시의, 일상의; 평범한
└─ unusual : 평소와 다른, 흔하지 않은

┌─ regular : 정기적인, 일정한, 규칙적인, 단골의
└─ irregular : 불규칙한, 정규가 아닌

┌─ average : (외관, 수치, 공통 성향) 평균
└─ an average man : 보통 사람

고장이 났다가 고치면 평소대로usual 사용할 수 있는 것 아니냐 혹은 다시 규칙적으로regular 운행되게 되는 것이 아니냐 따질 수 있지만 논리적인 것을 중요시 여기는 영어에서는 고장이 났었다는 것이 중요한 선택 기준이다. 고장이 났다는 것은 abnormal 상태였다는 것이다. 따라서 고장이 났다가 수리해서 돌아오는 상태는 normal로 돌아간다고 해야 한다.

만약 내가 소개팅을 갔다 왔는데 사람들이 '그 사람 어땠어?'라고 물어봐서, '그냥 평범한 사람이야'라고 말한다면 어떤 표현을 써야 할까? He is just a normal guy. 딱히 문제없는 무난한 사람이라는 의미다.

어느 날 매일 바지만 입던 여직원이 치마를 입고 왔다. 흔하지 않은 일이다. 이럴 경우 unusual한 일이라고 해야 한다. 만약에 이때 abnormal이라는 표현을 쓴다면 '쟤, 치마 입었어. 미친 거 아니야?' 이런 뜻이 된다.

식당에서 '어떤 것으로 드시겠어요?'라고 물어본다면, 당신은 as usual(평소에 먹던 대로)라고 대답한다. 그런데 이때 normal이라고 대답하면 정상적인 음식을 달라는 것이다. 그럼 나머지 음식은 비정상이라는 뜻인가. 그러다가 식당에서 쫓겨나는 수가 있다.

'허락하다'라는 동사를 찾아보면 allow와 permit이 있고, '금지하다'에는 prohibit과 forbid가 있다. 그렇다면 금지된 사랑은 forbidden love일까, 아니면 prohibited love일까. 허락되지 않는 사랑은 not permitted일까, 아니면 not allowed일까?

허가를 나타내는 동사 allow와 permit은 서로 바꿔 쓸 수 있지만, 엄밀하게 말하면 permit은 '통과시키다'가 원래의 뜻이다. 법률이나 규칙에 의해 공적으로 허가하는 경우에 쓰는 동사로 격식을 갖춘 상황에서 쓰는 것이 보통이다.

이에 비해 allow는 개인의 판단에 따라 비공식적으로 허가한다는 뉘앙스가 있다. 레스토랑 입구에 쓰여 있는 No pets allowed라는 문구는 가게 주인의 판단으로 애완동물의 동행을 허가하지 않는다는 뜻을 나타낸다. 일반 대화에서는 allow를 주로 사용한다. permit의 반의어는 prohibit으로, 법률이나 규칙 등의 공적인 금지를 나타낸다. allow의 반의어는 forbid다. 보통은 개인적으로 직접 금지하는 것을 나타낸다.

다음 문장은 permit과 allow의 차이를 잘 보여준다.

The teacher allowed me to drink a glass of beer though it was not permitted.

(규칙으로는) 금지되어 있지만, 선생님은 (개인적으로) 맥주를 한 잔 마시게 해주셨다라는 의미다.

흔한 노래 가사의 허락되지 않는 사랑이라고 한다면 법으로 금지된 것이 아니라 주변 사람들 혹은 부모님의 반대에 의한 것

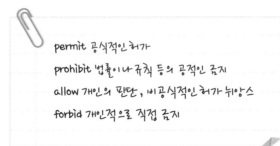

permit 공식적인 허가
prohibit 법률이나 규칙 등의 공적인 금지
allow 개인의 판단, 비공식적인 허가 뉘앙스
forbid 개인적으로 직접 금지

일 테니 forbidden love, 즉 금지된 사랑not allowed love이다.

다시 한 번 강조하지만 자신의 의도를 정확히 표현하는 단어를 찾기 위해서는 사전에서 단어 뜻 하나만 달랑 외우는 것은 전혀 도움이 되지 않는다. 특히 전자사전이나 포털사이트의 사전에서는 반드시 동의어와 반의어의 페이지로 들어가 확인하는 습관이 중요하다. 이런 분류 습관들은 적은 수의 단어를 가지고도 자신의 의도를 분명하게 표현할 수 있는 기본적인 사고 훈련을 시켜준다.

사전도
스스로 돕는 자를 돕는다

해외에서 영어공부를 할 때 누구나 가장 답답해하는 부분은 내가 하고 싶은 말을 하기 위해 어떤 단어를 선택할 것이냐의 문제다. speaking도 writing도 내가 하고 싶은 말을 한국어로 다 떠올렸는데 막상 영어로는 옮겨지지가 않는다.

번역기를 돌리고 사전을 뒤져서 간신히 문장을 만들어 말을 하면 상대의 얼굴에는 항상 물음표만 가득하다. 그럴 때면 '내가 지금 한국어 했어? 영어 했잖아!'라며 분통이 터진다. 나는 분명히 영어로 이야기하고 있는데 상대는 도대체 왜 못 알아들을까?

어느 날 친구가 기숙사 안내책자를 가져와서는 내게 어떤 타입의 방을 원하는지 물어보았다. 그래서 나는 What is your option(너의 선택은 뭔데?)라고 물어봐도 친구는 대답은 안 하고 계속 기숙사 설명만 해댔다. 영업사원도 아니고 부동산도 아닌데 그 친구는 왜 기숙사 설명만 해댔을까? 그 이유는 나의 질문이 '네가 고를 수 있는 방이 뭐가 있냐?'라고 물어본 것이기 때문이다. 너는 어떤 방을 선택했냐고 물어보려면 What was your choice?라고 했어야 했다.

사전에서 '선택'이라는 단어를 찾아보면 option과 choice가 있다. 분명 우리말에서는 같은 뜻이지만 영어에서는 같은 의미가 아니다. 이 두 단어를 가장 쉽게 구분하는 방법은 사지선다형 문제를 생각하는 것이다.

There are four options and my choice is C(4개의 보기가 있고 나의 선택은 C다). 이때 주어지는 선택의 범위가 option이고 그들 중에 내가 선택한 것이 choice다. option은 자동차나 컴퓨터 같은 제품을 살 때 기본 사양 외에 추가로 선택할 수 있는 것들을 말한다. 따라서 선택할 수도 있고 안 할 수도 있다. 그러니 자동차를 살 때는 리스트에 있는 option을 모두 준다는 것이 아니라 내가 선택한 choice만 주는 것이다.

패밀리 레스토랑에 가면 이렇게 말한다.

"We will serve you your choice of rice or bread."

이것은 두 가지의 option(밥 또는 빵)이 있다는 의미다. 그중에서 너의 choice(선택한 것)를 제공해주겠다는 의미다.

이번에는 사전에서 '보다'라는 단어를 찾아보자. '나는 영화를 보러 간다'는 말을 하기 위해서 아래 중 어떤 표현을 써야 할까?

look at the movie / watch a movie / see a movie / view a movie

이중에 도대체 무엇을 기준으로 선택해서 쓰라는 것인가.

이 많은 '보다'라는 단어들 중에서 처음에는 look이 가장 쉬워 보인다. 그러나 영어단어를 공부할 때 주의해야 할 점은 오히려 일반적이고 흔히 쓰이는 단어일수록 완벽히 소화해낼 수 없는 정말 어려운 단어라는 점이다. 오히려 stare(응시하다)라는 단어처럼 다소 어려운 의미의 단어가 처음 접하는 데다 새로 외워야 하니까 더 어렵게 느껴지지만 하나의 특정 뜻만을 가지고 있기 때문에 더 만만하다는 것을 알게 된다.

차라리 뜻이 하나이고 사용 범위가 좁은 단어들은 명확한 구별이 가능하다. 하지만 공부를 하면 할수록 처음에 쉽다고 생각했던 기본단어가 결국에는 가장 어렵다는 걸 알게 된다. 기본단어를 제대로 쓴다는 것은 정말 세련된 영어 감각을 요구한다.

look의 경우는 뒤에 오는 부사나 전치사를 다양하게 바꾸어줌으로써 너무나 많은 뜻들을 가지게 된다. 그러니 어떻게 튈지 모르는 아주 까다로운 단어가 된다.

look for 찾다
look into 조사하다
look after 돌보다
look around 둘러보다
look forward to~ ~하기를 기대하다
look + 형용사 ~한 것처럼 보이다

　다시 문제로 돌아가서, look, watch는 주의해서 본다는 자발적인 행위를 나타내는데, look은 정지해 있는 것에 대해, watch는 움직이고 있는 것에 대해 쓰는 것이 일반적이다. 또한 watch는 주의, 경계를 하고 지켜보는 것을 의미한다. Watch out(조심해)!, 혹은 watching people이라고 하면 사람들을 감시 감독할 때 주로 쓰인다. 아래의 두 문장을 보면 그 차이를 알 수 있다.

　Look at the articles displayed for sale.
　(※진열된 상품을 잘 본다는 의미)
　Watch while a procession passes.
　(※행렬이 지나갈 동안 바라본다는 의미)

　see는 단순히 보다, 혹은 보인다는 뜻이다.

Did you see the news last night? (어제 뉴스 봤어?)

look과 비교해서 예문을 살펴보면,

She looked but didn't see it.
〔그녀는 (주의해서) 보았지만 그것이 보이지 않았다.〕

이렇게 see는 주의를 기울이든 기울이지 않든 눈에 들어오는 어떤 것을 보는 것을 말한다. 조금만 더 연결고리를 넓혀보면 look과 see는 listen과 hear와 연결 관계가 성립된다. 단순히 '같은 뜻이구나'가 아니라 이렇게 계속 관련 단어들을 엮어서 어느 단어를 언제, 어떻게 사용할 것인가를 고민하는 습관을 길러야 한다.

look — 열심히 들여다보다
see — 보이는 것을 보다
listen — 열심히 듣고 이해하다
hear — 들리는 것을 듣다

우리 엄마는 대한민국의 모든 엄마들이 그러하듯 영어에 대한 관심이 매우 지대하시다. 항상 영어로 대화를 시도하고 내 눈치를 보다가 내가 폭발하기 직전에 포기한다. 내가 왜 폭발을 하느냐면, 그게 나도 머릿속으로는 엄마가 틀린 영어, 콩글리시를 사용하는 게 당연하다고 생각은 하지만 들다 보면 어느 때는 유난히 거슬리게 들릴 때가 있다. 예를 들어, "내가 히어링은 되는데 스피킹이 안 되잖니?"라고 말하면 순간적으로 "히어링은 당연히 되지. 그럼 귀먹었겠어?"라고 받아치게 된다.

hear는 귀의 기능과 관련이 있다. hearing test는 청각 테스트를 하는 것이다. 듣고 이해하는 것이 안 되는 것은 listening이 안 된다고 해야 한다. 물론 많은 사람들이 자주 실수하는 단어다. 왜냐하면 사전에 보면 둘다 '듣다'로 되어 있으니까. 하지만 두 단어에는 분명한 차이가 있다.

listen은 내가 노력해서, 주의해서, 들으려고 애를 쓰면서 듣는 것이다. 그리고 듣고 이해하는 것을 의미한다. 듣고 이해하거나 알거나 배우거나 감상하는 것이다.

This is important, so listen carefully.
(이거 중요한 거니까 잘 들어.)

hear는 쉽게 말해서 노력하지 않아도 그냥 '들리는' 것을 뜻한다. 내가 들으려고 해서 들은 게 아니고 그냥 들려서 들은 거다.
다른 말로 하면 '들린다'라는 말이 될 수 있다. 그러니까 hearing
이 안 되는 건 청각 능력에 문제가 있는 것이다.

Please speak up. I can't hear you. (좀 크게 말해. 안 들려.)

요즘은 포털사이트 사전에도 동의어나 반의어들이 정리되어
있다. 당신만 아직도 '보다는 see'라는 식의 단순한 영어공부를
하고 있다. 그렇게 단순하게 영어단어 하나에, 한국어 뜻 하나
를 외우는 식의 어휘 공부로는 수능 독해만 가능할 뿐이다. 영어
speaking이나 writing은 영원히 딴 세상 이야기가 된다.

물론 한 번에 여러 단어들을 공부하는 방법이 낯설고 힘들 것
이다. 그렇다고 언제까지 영어를 단순 암기 과목으로만 생각할
것인가. 조금씩이라도 공부의 방향을 바꿔주어야 영어의 미로에
서 탈출할 수 있다.

요즘 대세인 빅데이터,
영어공부에도 좀 써보자

어느 영문학 수업시간에 들은 얘기다.

타잔이 제인을 만났다. 그러자 타잔이 외쳤다.

"Woo~ you! Jane! woo ~ I, Tarzan! woo ~"

그 후 제인에게 교육을 받은 타잔이 말을 하기 시작했다.

"Hi, my name is Tarzan and I live in the jungle, where my only friends are animals~(안녕, 내 이름은 타잔이야. 그리고 나는 정글에 살아. 나의 유일한 친구들은 동물들이야~)."

이때 교수님이 이렇게 말씀하셨다.

"자, 너희도 교육을 받고 있으니 감탄사가 아닌 말을 해라."

만약, '얼마나 더 가야 해?'를 영어로 말해보라고 하면 이런 식이다.

"How… far… go?"

이건 스무고개도 아니고, 무슨 뜻인지 알아맞혀보라는 스피드게임도 아니고, 몸으로 말하는 것도 아니다. 그나마 서로 얼굴을 보고 있다면 한 개의 단어와 몸으로 말해요가 되겠지만 말이다. 문장으로 말을 해야 알아들을 게 아닌가.

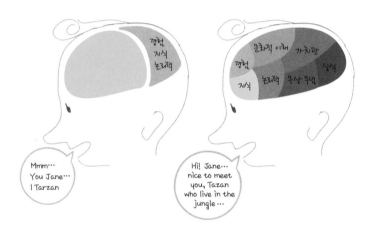

달랑 단어 한두 개를 입에 물고 어린아이 옹알이하듯 어버버하지 말고 문장으로 말을 해라, 말을! 단어 몇 개를 상대에게 던지는 것은 말을 하고 있는 것이 아니라 내가 하고 싶은 말이 뭔지 맞혀보라는 거다. 당신이 단어를 하나 떠올렸을 때는 분명히 뭔가 하고 싶은 말이 있을 것이다. 그 말을 해야 하는데 막상 단어만

입안에서 맴도니 얼마나 마음이 답답하겠는가. 그러나 상대는 더 답답하다. 우리는 이 말이 하고 싶었던 거다.

"How much longer do we have to go?"

언어는 단어가 아니라 문장이다. 그러니 이제부터는 단어를 '언제, 누구와 같이 쓰는지'를 정리해 함께 저장해두자. 그래야 내가 필요할 때 단어가 아닌 문장으로 말이 나오기 때문이다.

시간이나 거리는 how로 물어보며 how long, how far로 표현한다. 더 멀리, 더 오래는 much farther, much longer 등의 표현을 쓴다. 그런데 한 단어가 '언제, 누구와 같이 쓰이는지'를 정리하는 데 있어 단순히 숙어나 구문만을 외우는 것이 아니라 한 발짝 더 나아간 공부방법이 있다. 바로 단어의 사용에 대한 통계를 이용하는 collocation이다. 우리말로는 연어법이라고 하는데, 간단히 생각하면 뉴스나 여론조사에 많이 나오는 빅데이터와 같은 방법이다. 포털사이트의 검색창에 한 단어를 검색하면 연관 검색어들이 쭉 딸려나오는 것처럼 머릿속에 연관어들의 의미망을 만들어주는 것이다.

연어법이란 한 단어가 있으면 '일상에서 관용적으로 그 단어와 가장 많이 쓰이는 단어들 혹은 관련성이 높은 단어들을 같이 엮어주는 것'이다. 우리말에도 '시험'이라고 하면 자동적으로 같이 떠오르는 단어들이 있다. '시험에 붙다 · 시험에 떨어지다 · 시험이 어렵다 · 시험을 준비하다 · 시험을 신청하다' 등의 연관 단

어들이 있다. 우리말은 모국어라서 자연스럽게 이 의미망이 형성
되지만 남의 나라 말인 영어는 인위적으로 분류하고 고민해본 경
험이 있어야 한다. 이 연어법을 통한 공부법은 단어의 뜻뿐만 아

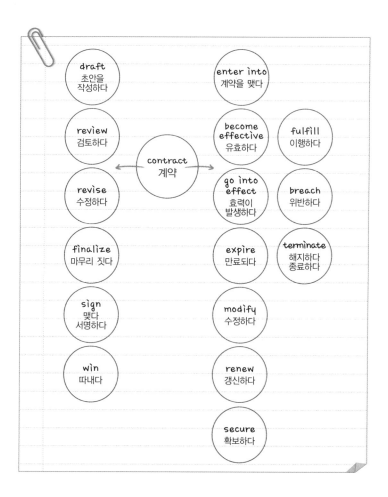

니라 '관련 상황에 대한 지식이나 상식'을 함께 공부하게 되기 때문에 전체적인 사고력을 향상시키는 효과를 가져다준다.

옆의 표에는 당신이 '계약'에 대해 할 수 있는 혹은 해야 하는 모든 표현들이 들어 있다. 옆의 표를 적용해 예문을 만들어보자.

- 계약을 중단하고 싶다. → We want to terminate the contract.
- 계약이 종료되었다. → This contract has expired.
- 계약을 연장하다. → We want to renew the contract.
- 계약을 수정해야 한다. → This contract should be modified.

연어법은 사실 이미 널리 사용되고 있다. 예를 들어,《Oxford Collocation》사전에서 '주문'이라는 명사를 찾아보면 같이 쓰이는 짝 단어들을 정리해놓고 있다.

동사	(주문하다) place | (취소하다) cancel | (주문받다) receive, win | have | (주문을 이행하다) fill, fulfill
형용사	(대량의) bulk, large, record | (소량의) small | (확정) firm | (예약) advance | (미해결) back, outstanding | (재) repeat | (무리한) tall | (우편주문) mail, postal, money, standing | export
전치사	on | ~ for

이런 단어들을 주제별로 포스트잇에 정리한다든지, 자신만의 단어 리스트를 만들어놓는다면 필요할 때마다 빠르게 응용해서 쓸 수 있을 것이다

연어법을 이용해서 단어의 의미망을 만들어 이해하고 암기하는 것은 가장 일반적이며 실용에 강한 분류법이다. 대략 100개의 주제만 잡아도 자신이 필요로 하는 단어들을 2,000개 정도는 쉽게 엮어낼 수 있다. 우리가 일상생활을 하는 데 필요한 단어는 우리말로도 2,000개의 단어가 안 된다. 자신이 하루에 국어로 몇 단어나 사용하는지 생각해보라. 문제는 그 필수 영어단어 2,000개가 얼마나 편하게 술술 영어문장으로 나오는가다.

아직도 하루에 단어 100개씩 외우기가 목표인 사람이 있고, 심지어 일주일이면 몇 천 단어를 외운다는 둥 기적의 암기법이라는 둥 뜬구름만 잡고 있는 사람들이 많이 있다. 아니 도대체 쓸 줄도 모르는 단어들을 죽자고 외워대는 것이 무슨 의미가 있을까? 사람이 무슨 암기하는 기계도 아니고, 도대체 공부의 목적이 암기력 훈련인지 언어의 습득인지 알 수가 없다. 그렇게 무식하게 외우고 잊어버리는 과정을 무한 반복할 거면 차라리 필요할 때마다 포털사이트에 물어보든가 검색을 하는 것이 더 효율적이고 빠르다. 요즘은 휴대전화에도 사전이 있는데 뭘 굳이 단어를 달달 외우고 있는가 말이다. 세상은 변하고 모든 것은 발전

하고 있다. 그런데 우리의 공부방법은 아직도 석기시대에 머물러 있는 듯하다.

　우리의 학습 방식도 당연히 시대에 따라 발전해야 한다. 이제는 일상이나 업무에 필요한 단어들을 찾아서 어떻게 사용할 것인지에 대한 기준들과 함께 머릿속에 분류해주는 것이 관건이다. 그래야 단어로 말하는 것이 아닌, 문장으로 조합해낼 수 있는 체계가 생기기 때문이다.

영어의 좌절의 첫 단계,
미로의 시작
상태 vs 동작

지금부터 알아볼 분류법은 우리에게는 생소하지만 실제 영어에서는 가장 중요한 방법이다. 동사는 물론이고 형용사나 부사, 접속사 그리고 전치사까지 대부분의 단어들의 가장 중요한 짝의 기준은 사실 동작과 상태다. 즉, '멈춰 있는 상태의 지속인가 아니면 1회 일어나는 동작의 발생'인가를 구별하는 것이다.

예를 들어, 우리가 어려서부터 배웠던 by와 until을 보자. 둘 다 우리말로는 '~까지'라는 뜻이다. 하지만 이 둘은 '상태 지속 vs 완료 · 동작 발생'에 따라 반드시 구별해서 사용해야 한다.

He will arrive by 7은 7시까지 도착하는 동작의 발생이다. 하지만 He will not arrive until 7은 7시까지 도착하지 않은 상태가 지속되는 것이다.

until은 어느 특정 시간까지 상태가 계속 지속되는 개념이다. I will be in my office until 4 o'clock은 나는 4시까지 사무실에 있을 거야라는, 그 전부터 4시까지 쭉 사무실에 있겠다는 상태 지속의 의미다.

반면에 by에는 지속적인 의미가 없다. 지속적인 시간이 아니라 정해진 특정 시점에 동작이 발생하는 것이 중요하다. 예를 들어, 친구가 책을 빌려주면서 I need the book by 9 o'clock tonight이라고 말하면, 나 오늘 저녁 9시까지 그 책이 필요해, 즉 책을 9시에 다시 돌려달라는 뜻이 된다. 9시까지 계속 돌려주는 상황이 반복되는 상태의 지속이 아니다. 그렇다면 지금 나도 이 책이 필요하지만 9시 이후에는 빌려줄 수 있을 때는 어떻게 말하면 될까? I need the book until 9 o'clock이라고 해야 한다.

우리말에는 '~까지'라는 표현이 하나밖에 없다. 따라서 이처럼 상황이 다른 경우에도 모두 '~까지'라는 단어를 사용한다. 그것이 바로 우리가 영어단어들의 상태와 동작 분류를 배워야 하는 이유다.

I will love you (until/by) my dying day.

until과 by 중에 무엇을 선택해야 할까. 내가 죽기 전에는 계속 사랑하겠다는 감정의 지속이기 때문에 정답은 until이다. 이렇게 영어의 모든 단어들은 하나의 단어가 영혼의 반쪽처럼 반드시 그 짝이 되는 유사어·동의어들을 데리고 다니는데, 그 분류와 사용 기준들이 명확해야 많은 단어들을 동시에 저장하고 자유롭게 선택해서 쓸 수 있다.

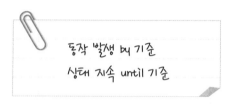

동작 '발생 by 기준
상태 지속 until 기준

또 다른 예를 들어보면, 사랑을 시작하는 것은 begin과 start가 있다.

begin, start는 둘 모두 그때까지 정지 상태에 있던 물건이나 일이 활동 상태가 된다는 의미로는 같은데, begin은 상태·과정·활동이 시작되어 그 상태가 일정 정도 계속되는 데 비해 start는 '움직이기 시작하다'라는 순간 동작의 이미지가 있다.

100미터 달리기에서 '(순간적으로 빨리) 출발을 잘하다'는 start well이고 '출발선'은 starting line이다. 식당에서 쓰이는 단어 중에 '에피타이저'는 beginner가 아니라 starter이며, 선발투수도 starter라고 하며, 기계나 자동차도 start시킨다고 한다.

반면에 영어 회화를 지금 막 배우기 시작한 사람은 동작을 시작하는 의미가 아니므로 starter가 아니다. 공부하는 과정을 시작하는 것이기 때문에 beginner(초짜)가 된다. 처음 경마를 시작해서 운 좋게 1등을 맞힌 사람의 행운은 beginner's luck이다.

이 단어들을 묶음으로 묶어서 반대어들의 관련 짝을 같이 살펴보면 '시작'에 대한 '끝'을 나타내는 end와 finish가 있다. 이것을 begin과 start의 상관관계에 그대로 적용해보자. begin이 상태의 개시에 초점을 맞추는 것과 마찬가지로 end는 상태의 종료에 초점이 맞춰진다. 또한 finish는 운동성을 나타내는 start가 그 목적을 달성하고 동작이 완료됨을 나타낸다.

상태	동작
begin	start
end	finish

'도로의 막다른 곳'은 dead end, 영어 회화 카세트테이프의 'A면 끝'은 the end of side A이고, 마라톤의 '결승선'은 finishing line이다.

그러나 많은 동의어들이 그렇듯이 begin과 start 역시 교집합 구간이 생긴다. 영화가 시작되거나 프리젠테이션을 시작할 때 Let's start와 Let's begin은 둘 다 흔히 쓰이는 표현이다. 동작이 시작되는 것이기도 하지만 일정 시간 진행되는 것이기도 하니 말이다.

마지막으로 '휴식 또는 쉬다'라는 단어들을 같은 방식으로 줄 세워보자. '휴식'이라고 했을 때 우리가 가장 먼저 떠올리는 단어는 rest가 아닐까? '잠시 쉴까'라는 표현을 하고 싶다면 take a break 일까, take a rest 일까?

여기서는 break와 rest의 '쉬다'라는 의미가 어떻게 다른지 살펴보자. break time이란 말을 자주 들어봤을 것이다. 휴식시간 또는 쉬는 시간이라는 뜻이다. 즉, break는 무엇인가를 톡 '깨다·부러뜨리다'에서 어원이 왔다. 어떤 일을 하다가 그 흐름을 깨고 일시적으로 중간에 잠깐 쉬는 동작의 개념이다. Take a break for five minutes(5분간 휴식)! coffee break, lunch break, tea break 등에서는 모두 짧은 휴식의 의미로 쓰인다.

rest는 상대적으로 좀 더 오랜 기간을 지속해 푹 쉬는 것을 말한다. 쉬는 상태를 지속하고 유지해 안정을 취하고 피로를 푸는 개념이다.

Go home and get some rest. (집에 가서 좀 쉬어.)

이렇게 "피곤해 보인다. 집에 가서 쉬어"라고 했다면 rest를 써야 한다. 덧붙여 take a rest가 틀린 표현은 아니지만 회화에서는 get some rest를 더 많이 사용한다. 이외에 유사한 뜻을 가진 relax 는 긴장을 풀고 마음을 편하게 갖는 것을 말한다. "너 피곤해 보인다. 잠깐 쉬는 게 어때?"라고 말하고 싶다면, You look tired. Why don't you take a break?라고 하면 된다.

Success and rest don't sleep together.

이 표현은 성공과 휴식은 같이 잠을 자지 않는다, 즉 쉴 거 다 쉬어가면서는 성공할 수 없다라는 의미를 가진 속담이다.

퀵서비스와 패스트푸드

사람들이 외치는 무브 무브는 move quickly일까? move fast일까? quick은 지체 없이 바로바로without any delay라는, 동작의 순간적인 1회 발생 의미를 가지고 있다. 오토바이가 빠르면 비행기보다 더 빠르겠는가. 사실 속도가 빨라서 quick이 아니라 '퀵서비스'란 주문을 받자마자 바로 서비스를 제공한다는 의미로 (우체국처럼 모아서 다음 날 출발하는 것이 아니라) 퀵서비스라는 표현을 쓰게 된 것이다.

하지만 fast는 정말 속도가 빠른 것이다. 한순간이 아닌, '어떤 움직임의 시간이 소요되는 전체 시간' 동안의 상태가 빠르다는 것이다. 음식이 빨리 나오고 빨리 먹고 빨리 나간다고 해서 fast food다. 100미터를 10초 동안이든, 1분 동안이든 간에 일정 시간 동안 빠르게 달리는 것도 fast다.

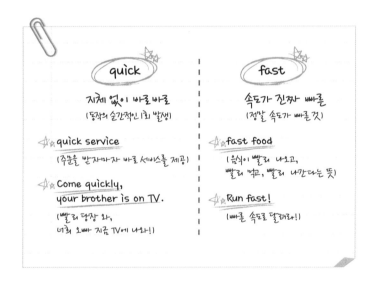

다음의 토익 문제를 풀어보자.

Call us _____ our business hours.

a) for

b) during

'~ 동안'이라는 의미에서 for와 during은 어떻게 다른가를 물어보면 모두가 중2 때 배웠던 대답을 반복한다. 'during + the 숫자 + 기간'이라고 말이다. 우리의 모든 영어공부는 사실상 중2 때 멈췄다고 할 수 있다. 그 뒤로도 10년을 매일같이 영어공부를 했음에도 우리의 공부머리는 전혀 업그레이드가 되지 않고 있다. 이제 좀 중학교 영어에서 벗어나보자. 영어의 가장 중요한 기본은 상태와 동작이라고 했다.

가장 중요한 for와 during의 구별점은 for는 그 기간 동안의 지속성을 계속 강조하고, during은 그 기간 동안의 특정 사건이나 동작의 발생을 강조한다는 것이다.

for는 일정 기간 내내 동작이나 상황이 계속 지속되는 일을 말할 때 사용한다.

We have been talking for one hour.

〔우리 1시간 동안 (계속) 얘기하고 있어.〕

during은 특정 기간 동안 어떤 일이나 동작이 한 번 또는 여러 번 발생하는 것을 의미한다.

I will visit you during the holiday. (휴가 때 방문할게.)

즉, 앞의 문제에서 영업시간 내내 전화를 하는 상태가 지속되는 것이 아니라 영업시간 동안 한두 번 전화하는 동작이 발생하는 것이기 때문에 답은 during이 된다.

그럼 여기서 추가 문제! '그는 그녀를 지난 10년 동안 사랑했어요'라는 표현을 하고 싶다면, for가 쓰일까 during이 쓰일까? 10년 동안 쭉 (지속적으로) 사랑했다는 것이므로 for를 써야 한다.

He has loved her for the last ten years.

영어의 단어들은 대부분 짝이나 묶음으로 존재하기 때문에 분류만 잘한다면 그다지 다루기 힘든 언어가 아니다. 다시 말해 동의어·반의어·사람·사물·상태·동작의 '의미망'과 분류 기준만 정확하게 가지고 있다면 유연하게 쓸 수 있다. 그러나 우리는 그런 기준이 없이 그 많은 단어들을 무작위로 머릿속에 집어넣으려고만 하니 영어가 엉키는 것이다.

'상태 vs 동작' 이외에도 유사어 · 동의어들을 분류하는 기준에는 대표적으로 다음의 사항들이 있다. 이런 기준들은 무조건 암기하는 것이 아니라 자연스럽게 체화시키는 것이 중요하다. 그러니 자신이 알고 있는 단어들에 적용해 직접 분류해보면서 스스로 자신만의 '영어의 감'을 만들어가야 한다. 생각의 기술이나 공부법을 알려줄 수는 있어도 그 결과는 개인마다 모두 다르게 나온다. 결국 한 사람의 생각과 감각은 누군가 대신 키워줄 수 없는 것이기 때문이다. 고민하지 않는 뇌에서는 지혜가 나오지 않는다고 했듯이 스스로 고민의 시간을 보내는 것은 개인의 몫인 것이다.

상태	사람	기간	가산	자동사	지속	정도
동작	사물	기준	불가산	타동사	완료	방법

찍기의 기술은
어디에서 나오는가

"시험에서 보기에 on과 upon이 있으면 답은 on이다."

"only와 merely가 보기에 있으면 only가 답이다."

'뭐야, 그런 게 어디 있어?' 이런 강의를 들으면 우리는 이렇게 반신반의하면서도 뭔가 대단한 비법이라도 되는 것처럼 열심히 받아 적는다. 찍기 강의라고 비난을 하면서도 나도 알아야 할 것 같은 조바심에 하나라도 더 듣기 위해 기를 쓰고 학원에 출근 도장을 찍는다.

자, 그렇다면 이런 찍기의 공식들은 과연 옳은 것인가. 결론부터 말하자면 강사들이 사용하는 공식들은 대부분 근거가 있는 것이다. 도출 과정이 없이, 밑도 끝도 없이 결론만 한 줄로 배우는 것이 문제이지, 그 자체는 대부분 통계와 체계적인 분석에서 나온 것으로 다소 억지스럽기는 하지만 아예 틀린 것은 아니라고 할 수 있다.

　이런 공식들에서 특히 많이 쓰이는 분류법은 '언어의 계층'이다. 즉, 언어에도 상위개념과 하위개념이 있다. 그 중에 상위개념의 단어가 항상 포괄적이고 넓은 의미와 쓰임을 가지기 때문에 시험에서는 늘 정답이 될 수밖에 없다.

　아래 그림에서 보면, 시험에서는 답이 항상 A다. 하위개념인 B가 답일 경우에는 항상 A도 답이 되기 때문에 B를 답으로 유도할 수가 없다.

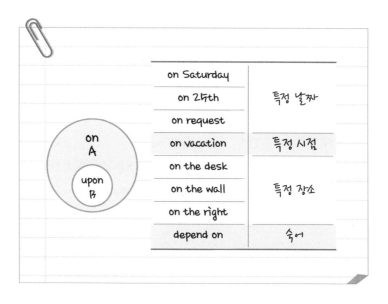

on의 경우는 상위의 개념이기 때문에 더 광범위하게 많은 뜻을 갖는다. 시간, 장소, 주제 등 사전을 찾으면 그 쓰임의 나열이 끝이 없다. 반면 upon의 경우에는 그 쓰임이 두 가지 정도가 일반적이다. 주로 숙어나 어떤 일이 발생하는 시점에만 쓰인다.

예를 들어, 동사 숙어인 depend on은 depend upon과 같이 쓸 수 있지만, on 25th(25일)은 upon으로 바꾸어 쓸 수 없다. 그러니 시험영어에서는 upon 구역에서 문제를 낼 수가 없다. 정답이 2개가 되기 때문이다.

수학에서의 true or false를 생각해보자. upon이 답인데 on이 답이 안 되는 경우의 수는 없다. 그러니 on 구역에서만 시험문제를 내야 한다.

이쯤 되면 정신이 혼미해지면서 모든 것을 내려놓게 되는 경험을 하게 될 것이다. 수학도 안 되고 국어도 안 되고 영어도 안 되는 백지 상태의 경지에 다다르게 된다. 하지만 차분히 생각해보면 간단한 원리이고 이것이 찍기의 기술로 발전하게 되는 것이다. on이 무조건 답이다.

이렇게 당연한 것을 콕 집어 특별하게 말하는 것이 사실 말을 잘하는 사람들의 특징이다. 남들이 보기에 결국은 뻔한 얘기지만 이렇게 찍기의 룰rule이 나오기 위해서는 당연하다고 여겨지는 것들을 특별하게 분석하려는 노력이 중요하다. '아마 그럴 것이다'가 아니라 '반드시 이렇다'라고 정의할 수 있는 분석 과정들이 필요하다.

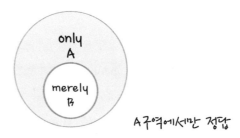

A구역에서만 정답

　보기의 only와 merely가 같이 나오면 항상 답이 only가 되는 것도 같은 이치다. merely가 답이면 only도 늘 답이다. 사실 학문적으로 위계질서분류hierarchy란 아래의 그림과 같다. 전체 카테고리아래 그 하위 단위들을 묶어주는 것이 일반적인 분류다.
　하지만 이 책에서 말하는 '상위·하위 개념'은 좀 더 실용적으로, 특히 시험에 나오는 단어들을 위주로 응용해 분류한 것이다.

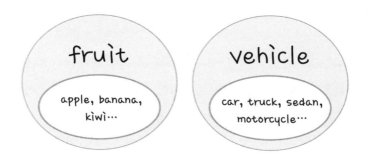

찍기의 공식들을 살펴보자면 책 한 권으로 정리해도 부족하지만 몇 가지만 더 예를 들어보자.

- 앞의 동사가 locate면 답은 in · relocate면 답은 to
- 뒤에 건물이 있으면 opposite · 거리가 있으면 across
- 뒤의 시간이 복수이면 for · 뒤의 시간이 단수이면 since
- 주어가 같으면 continue · 주어가 바뀌면 follow

사실 이런 공식들은 뭐 대단한 것들이 아니라 아주 당연한 것들을 정리한 것일 뿐이다. The building is located in Gangnam이라고 하면 빌딩이 움직이는 것이 아니라 정지되어 있는 상태다. 하지만 to는 움직이는 방향을 나타낸다. locate는 이미 위치한 것이기 때문에 움직이지 않는다. 그러니 to는 반드시 relocate와 같이 이동의 개념이 들어간 단어의 짝으로 쓰이게 된다.

opposite은 어떤 기준 건물의 반대편이다. 하지만 across는 어떤 공간 · 거리를 가로질러 가는 것을 의미한다.

미드를 보면 다음 주 계속은 to be continued다. 같은 방송이 다음 주에 계속되는 것이기 때문이다. 하지만 '다음 방송 순서는 news입니다'라고 할 때는 News will be followed가 된다. 즉, 같은 주어가 계속되는 것은 continue, 다른 주어가 계속 이어가는 것은 follow다.

결국은 당연한 것들이지만 논리적으로 분석하고 분류할 수 있는 사람만이 언어를 자유롭게 쓸 수 있다. 나는 수업시간에 이런 멘트를 종종 한다.

"듣고 아는 것은 이미 놓친 것이다. 듣기 전에 알아야 한다. 필요한 타이밍에 바로 못 쓰는 것이 무슨 의미가 있는가. 하지만 누군가 당신을 쫓아다니며 옆에서 보모처럼 챙겨줄 수는 없다. 결국은 스스로 분석력과 논리력을 키우는 것이 관건이다."

인기 강좌, 인기 강사의 비법은 무엇일까?

우리가 듣는 인기 강의들의 비밀은 사실 이러한 '찍기의 기술'에 있다. 그런데 이런 찍기 강의가 나오는 것은 간단한 법칙에 따른다. 먼저, 사람들은 자신이 모른다는 것을 인지하는 정도까지만 배우기를 원한다. 자신이 아예 모르는 영역으로 들어가기를 강요받는 순간 사람들은 지루해하고 오히려 불쾌해하기도 한다. 그렇기 때문에 강의는 강사가 아는 것을 전달하는 것이 아니다. 강의는 다수가 듣고 싶어 하는 공통적인 사항에서 그들이 아는 수준에 맞춘 간단한 룰을 만들어 제공하는 것이다.

즉, 당신이 궁금해하는 선에서 시선을 약간만 올려 만족을 주는 것이 인기 강의의 비결이다. 너무 깊이 들어가지 않으면서도 지적 만족을 주는 선에서 멈추는 것. 그래서 대중적인 강의들의 만족도가 교수님 강의보다 높게 나온다. 교수님 강의가 전문가용이라면 강사의 강의는 대중 상품인 것이다. 대중 상품은 무조건 품질이 너무 높은 것이 좋은 것은 아니다. 눈높이에 맞춰 누구나 좋아할 수 있게 하는 것이 중요하다. 이렇게 적절한 선에서 끊고 보편적인 룰을 만들어 쓰기 쉽게 해주는 것이 대중적인 강의의 특징이라고 할 수 있다.

그래서 나는 강의시간에 항상 질문으로 시작한다.

"이거는 답이 A인데 B랑 헷갈렸지? B로 가서 틀렸지? 여기부터 잘못 생각한 거야. 어디를 모르는 건지 이제 알겠어? 너는 여기까지 알고 여기부터 모르는 거야. 이해됐어? 그럼 여기부터 궁금해해야겠지?"

먼저 너도 이미 어느 정도 아는데 아주 조금 모르는 것이 있다고 생각하게 만들고, 관심을 가지고 개입할 수 있게 해주는 것이 중요하다. 다짜고짜 설명부터 하면 사람들은 무엇을 생각하라는 건지 멍해진다.

그렇다면 이런 룰을 뽑아내는 것은 영어실력일까, 언어사고력일까. 당신이 영어를 잘하고 싶다면 언어에 대한 논리적 분석력을 갖는 것이 우선이다. 적은 단어를 가지고도 유창하게 영어를 하는 비결은 이런 분석력와 논리력에서 나오기 때문이다.

언어는 공부하는 것이 아니라
스스로 체화하는 것이다

앞에서 우리가 살펴본 연어법은 한 단어와 같이 쓰이는 단어들을 한 번에 통으로 묶어놓은 묶음이었다. 이번에 살펴볼 연어법은 전체 연관 단어들을 한꺼번에 묶는 것이 아니라 일의 진행 상황에 맞춰 순차적으로 묶어주는 것이다. 특히 업무 관련 영어들이나 여행, 전공영어처럼 사용의 필요성과 목적이 있는 필수단어들은 이렇게 발생순에 따라 도표로 정리하는 것이 빠르고 정확한 영어를 구사하는 데 많은 도움이 된다.

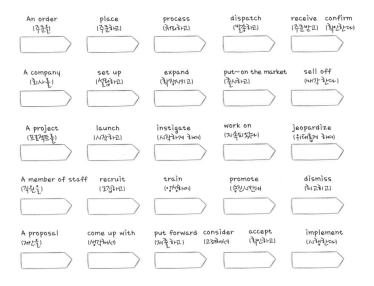

몇 가지 예문을 살펴보자.

- 주문을 하고 싶습니다.

→ I'd like to place an order for a new chair.

- 주문이 됐는지 확인하고 싶습니다. → I want to confirm my order.

- 주문의 상태(배달 여부 등)를 확인하고 싶습니다.

→ I want to check the status of my order.

- 당신 주문은 지금 처리 중입니다. → We are processing your order.

약속과 관련된 표현들은 아래와 같이 정리해볼 수 있다.

약속을 잡다.
make an appointment/
arrange an appointment/
schedule an appointment

약속을 확인하다.
confirm an appointment

~을 연기하다. 나중으로 미루다.
postpone the meeting

약속을 취소하다.
cancel the appointment

~을 뒤로 미루다.
be pushed/moved/put back

약속을 지키지 못하다.
miss the appointment

약속을 취소해야 해요.
I am sorry I can't make it today.

~로 미루다. 연기하다.
put off/
delay something until~

　영어공부, 특히 암기한 단어는 자고 나면 어느새 머릿속에서 사라져 있다. 내가 공부한 것을 머릿속 장기 기억의 장소에 보관하기 위해서는 그만큼의 강력한 기억이 필요하다. 따라서 여러 가지 연상법, 암기법들이 있는데 가장 오래도록 보관할 수 있는 방법은 이렇게 상황에 대한 이해력이나 특정 스토리에 기반을 두고 경험으로 기억하는 것이다. 무엇을 배우든 몸으로 직접 경험해 체화시키는 것이 가장 좋은 방법이다.

왜 영어공부가 하고 싶으세요?

　　싸이 덕분에 세계적인 명소가 된 강남은 낮과 밤이 전혀 다른 두 얼굴을 가지고 있다. 강남역사거리 큰 거리마다 즐비한 대형 영어학원들과 크고 작은 술집들이 바글거리는 이곳에서 나는 매일 하루 일과를 보내고 있다. 낮에는 학원 수강생들로 북적이던 거리는 밤이면 화려한 유흥가로 돌변한다. 유창한 영어발음으로 떠들어대는 술 취한 젊은이들이 넘쳐난다. 두 테이블당 한 테이블에서 영어로 떠들고 있을 정도다. 그들의 절반 이상은 백수거나 유학생이다. 그들의 유창한 술집 영어가 취업에 도움이 되지 않는 것은 분명해 보인다.

　　나는 강남역에서 외국인과 대화할 기회가 전혀 없었다. 누군가 이 영어를 할 기회에 기꺼이 나서주기 때문이다. 그들은 미용실에서 머리를 예쁘게 하고 사람들이 봐주기를 기다리듯이, 외국인과 영어로 떠들 기회가 없어서 안달 난 사람처럼 보이기도 한다. 강남역에 넘쳐나는 영어회화 가능자들과 나의 차이는 영어를 잘하는가가 아니라 영어로 무엇을 할 수 있는가다. 그들의 대부분은 그 유창한 생활 영어를 막상 자신의 분야에서는 써먹을 일이 없다. 현실적으로 우리 대부분은 실제 업무에서 영어회화 실력을 써먹을 기회가 없다. 어쩌다 오는 외국 바이어는 사장님과 통역관이 만날 뿐이다.

그런데도 대부분의 사람들은 "왜 영어공부가 하고 싶어요?"라는 질문에 영어로 유창하게 대화를 하기 위해서라고 답한다. 회사에서 경쟁력이 되는 영어는 이메일과 비즈니스 문서 영어이지만 그것이 회화를 잘하는 것과는 아주 무관하다는 사실을 아무도 알고 싶어 하지 않는다. 당신의 영어회화는 그저 길거리에서 소모될 뿐 당신의 경쟁력이 되지 않는다. 길거리에서 외국인들과 시시덕거리는 영어회화는 실속 없는 명품백과 같은 것인 반면, 우리에게 필요한 영어는 직업의 경쟁력과 특정 전문분야의 지식과 정보를 위한 수단이 되어야 할 것이다. 그러기 위해 영어공부의 목적과 범위를 우선 명확히 할 필요가 있다.

영어회화는 일단 당신의 자존감 회복을 위해 도움이 된다. 하지만 What's up man이나 cheesy(촌스러운) 같은 슬랭을 배운다고 취업이나 승진이 될 수는 없다.

그러므로 자신의 업무와 관련된 정확한 영어를 공부하는 것이 여행이나 친구 사귀기 혹은 쇼핑 영어회화 공부보다는 훨씬 도움이 될 것이다. 당신이 오늘도 영어공부를 하겠다고 마음먹고 있다면, 잠시 멈춰서 무엇을 목적으로 하는 공부인지 생각해봐야 한다. 그래야 매번 새로 시작하는 마음으로 새로운 영어책을 사들이고, 기초 영어회화 사이트에 등록하는 악순환이 끝날수 있다.

Same same
but different

영어는 항상 대안alternative이 있는 언어다. 대표 단어의 경우 하나로 모든 경우에 쓸 수도 있지만, 좀 더 구체적인 묘사를 위해서 용도별로 세부적인 단어들의 묶음을 준비해둔다. 단순히 '가지다'는 have, 이렇게 달랑 하나의 단어로 모든 '소유'의 경우들을 묘사할 수는 없을 것이다. 일반적인 물건을 갖는 것인지, 구체적으로 권리를 갖는 것인 own인지, 어떤 자격을 갖는 것인 possess인지 등에 따라 정확하게 선별해서 사용해야 한다. 그래야 자신의 의도를 100% 보여줄 수 있기 때문이다. 자신의 의도를 충분하게 설명할 수 있도록 단어마다 세심하게 분류해 묶어놓은 것을 '대체어의 묶음'이라고 한다. 따라서 많이 쓰이는 단어나 자신의 분야에서 쓰이는 필수단어들은 이렇게 묶음으로 알아두어야 항상 명확하게 자신의 의도를 보여줄 수 있게 된다.

look이나 do처럼 쉬운 '대표 단어'들이 있다. 하지만 이런 단어들은 그 쓰임이 너무 많아서 오히려 혼란을 야기할 수 있다. 영어는 쓰임이 많은 대표 단어일수록 그 세부적인 상황에 따라 구체적인 하위 단어들을 계열로 가지고 있다.

예를 들어, '바꾸다change'는 무엇을, 어떻게 바꾼다는 것인지 상황에 따라 하위 단어들이 분류되어 있다. 만약 내가 은퇴를 하면 내 후임자는 replacement이고, 내가 하루 결석을 하면 substitute teacher가 수업에 들어오는 것이다.

• change ; 일부분 또는 전체를 본질적으로 바꾸다.

• vary ; 같은 것에서의 이탈을 뜻하며 서서히 변화시키다.
  vary one's daily routine ; 나날의 일과를 바꾸다.

• alter ; 부분적 · 외면적으로 변화를 가하다.
  slightly alter the original design ; 원래의 디자인을 약간 바꾸다.

• modify ; 내용이나 디자인을 수정 보완해 변경하다.
  modify the language of a report ; 보고서의 말을 수정하다.

• transform ; 외형과 동시에 종종 성격이나 기능도 다 바꾸다.
  transform matter into energy ; 물질을 에너지로 바꾸다.

- update ; 최신 정보 갱신, 데이터 파일에 데이터를 더하거나, 변경시키거나, 없애서 데이터 파일을 새롭게 하는 것

- upgrade ; 장비나 서비스의 기능, 품질을 개선하다. 등급을 높이다

- exchange ; 서로 간에 어떤 물건을 주고받는 행위를 나타내며 환율처럼 동등한 가치를 맞바꾸는 것

- replace ; 오래된 것을 버리고 새것으로 바꾸다

- substitute ; 일시적으로 부족하거나 없는 것을 대체하는 것 (다시 원래 상태로 돌려놓음)

사실, have 하나로 모든 문장을 만들 수 있다. 그럼 have 하나로 가면 되지? 태국식 영어에 이런 표현이 있다.

Same same but different.

뭐 그게 그거로 비슷한데 조금 다르다는 뜻이다. 지금부터 비슷비슷하지만 쓰임이 약간 다르거나 거의 똑같이 쓸 수 있지만 엄밀히 얘기하면 좀 달라지는 '대체어'에 대해 좀 더 알아보자.

이번에는 우리가 잘 알고 있는 '가지다have'를 살펴보자. 일단 '가지다'라고 하면 'have'가 제일 먼저 떠오른다. have는 가지고 있다라는 일반적인 의미로 장기간 가지고 있거나 몸에 지니고 있는 것들을 의미한다.

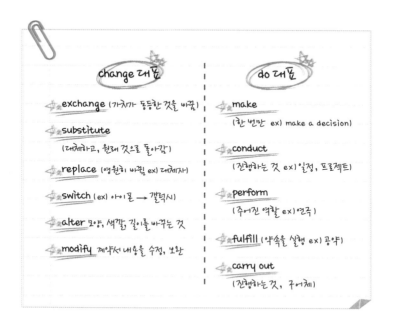

You have beautiful eyes.

〔아름다운 눈을 가지고 계시네요. (※눈이 참 예쁘다는 의미)〕

have의 대체어를 보면, possess는 단순히 가지고 있는 것 이상의 '소유'의 의미가 강하다. 어떤 능력이나 자격, 기술, 성격 등을 '지니고' 있다고 말할 때도 자주 사용한다.

Jack possesses great knowledge about Korea.(Jack은 한국에 대한 많은 지식을 가지고 있다.)

own은 '소유 권리'를 가진다는 의미가 강하고, belong은 '속하다' 혹은 '소유물'의 의미다.

Mike owns two houses. (Mike는 집 두 채를 소유하고 있다.)
This book belongs to Jane. (이 책은 Jane의 것이야.)

earn과 gain은 어떤 것을 노력을 해서 가지게 되는 것이다. earn은 주로 생활비, 보수, 대가, 이익, 명성, 신용 등을 가지게 되는 것이며, gain은 상, 승리, 경험, 지식, 능력, 자격, 직위 등을 가지게 되는 것이다.

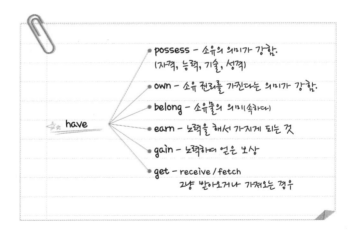

1타 2피,
영어와 상식을 한 번에 잡는
스토리텔링 기법

중국은 기름진 음식 때문에 차를 마시는 습관이 일상화되어 있다. 뭐, 미국도 음식이 oily하고 junk food인 것은 마찬가지다. 그래서 미국에서는 항상 물 대신 콜라를 입에 달고 산다. 이런 음료를 sparkling하다고 하며 이런 음료나 단 음식은 refreshments라고 한다. 콜라를 물처럼 여겼던 당시 carbonated beverage market에서 콜라는 물처럼 여겨지며 절대 시장을 형성하고 있었는데 이것은 brand identity가 성공한 대표적인 경우이며, commodity market에서 가장 중요시되는 사람들의 머릿속에 black box가 장착된 경우라고 볼 수 있다. 이때 혜성같이 등장한 emerging competitor가 바로 Pepsi다.

1903년, 펩시콜라는 차별화product differentiation된 제품과 focused된

target customers(젊은이들)를 중심으로 시장 공략에 나섰다. 펩시의 무기는 'a bit sweeter, less sparkling'으로 아이들과 젊은이들의 입맛에 tailored/customized되었다.

물론 워낙 장기간에 걸쳐 시장을 dominate한 코카콜라의 reputation이 쉽게 무너진 것은 아니다. 하지만 10대를 위주로 long term strategy를 준비한 펩시의 추격이 코카콜라를 긴장하게 만들었고, aggressive 마케팅 또한 만만치 않게 이어졌다. 이때만 해도 코카콜라는 leading company이며 펩시는 following company였다.

아마 기억하는 사람들이 있을 텐데 한때 길거리에서 눈을 가리고 콜라를 마신 후에 콜라의 이름을 맞히는 event가 유행한 적이 있었다. 그 후로도 펩시의 'new generation, new choice', 'You're in the Pepsi Generation', 'Have a Pepsi day' 등으로 시장을 흔들었다. 이전까지 콜라는 음료가 아니라 절대적인 필수품인 '물'이라고 여겨졌었다. 그러나 이제 펩시의 등장으로 콜라는 물이 아닌 선택 가능한 음료제품으로 인식되면서 새로운 음료시장이 열리게 되었다. 반면 코카콜라는 'Always Coke!'라는 슬로건을 내걸고 market leader다운 defensive 전략으로 맞붙었다.

그럼에도 펩시콜라는 코카콜라의 아성을 쉽게 흔들지는 못했지만, 코카콜라는 결국 결정적인 한 번의 실수로 인해 무너지게 된다. 계속적인 펩시의 추격에 불안해진 코카콜라는 기존의 맛을 바꾸는 치명적인 실수를 하게 되는데 그 결과 시장에서

existing products를 withdraw 하게 되었다. 그후 펩시와 유사한 맛으로 modified된 제품을 launch했다. 그러나 소비자들은 It's too sweet. It tastes like Pepsi라는 adverse reaction을 보였고 오히려 market share는 급격히 떨어지기 시작했다.

단 87일 만에 코카콜라는 기존의 콜라를 다시 등장시킨다. 이렇게 다시 등장한 것이 Coke Classic이다.

이때 펩시가 결정적인 한 방을 날리게 된다. 60년 동안 콜라만을 생산하던 펩시가 Mountain Dew와 Diet Pepsi를 시장에 내놓은 것이다. 코카콜라도 이에 맞서 Diet coke를 내놓음으로써 market diversification이 절정

· sparkling 탄산이 든
· refreshments 다과
· Carbonated Beverage Market 탄산 음료 시장
· Brand Identity 브랜드 아이덴터티 (브랜드 이미지 통합화 작업)
· commodity market 상품 시장
· emerging competitor 신흥 경쟁자
· product differentiation 제품 차별화
· focused 집중된
· target customers 고객 대상
· tailored / customized 맞춤화된
· dominate 지배하다 : 독점하다
· reputation 명성
· long term strategy 장기간 전략
· leading company 선두주자
· following company 후발주자
· aggressive 공격적인
· market leader 선두업체
· defensive 방어적인
· existing products 기존 제품
· withdraw 철수하다
· modified 수정된, 변경된
· launch 출시하다
· adverse reaction 부정적 반응
· market share 시장 점유율
· market diversification 시장다각화
· take over 빼앗다

에 이르게 되었다. 콜라는 이제 물이라는 절대 존재에서 하나의 상품으로 전락해버렸다. 그리고 1990년에 코카콜라는 Power Ade 를 내놓음으로써 sports drink market의 시대를 열었다. 이런 길고 긴 역사를 거치면서 콜라 시장은 product diversification의 전성시 대를 열게 되며 두 회사는 시장 점유율을 take over하기 위한 100 년 전쟁을 계속 이어가고 있다.

이런 스토리텔링 영어공부법은 예전에 유행했던 《꼬꼬영(꼬 리에 꼬리를 무는 영어)》이란 책에서도 소개되었던 방법이라 익숙 한 사람들도 있으리라. 위의 단어들 중 토익에 출제되었던 기출 단어는 몇 개일까? 모두 출제되었다! 이렇게 관련 주제에 맞는 상식을 영어로 함께 읽어두는 것도 여러 가지 측면에서 매우 효 율적인 공부법이다.

나의 영어는 콩글리시 vs 잉글리시

( ) 안은 모두 콩글리시다.
이 콩글리시를 올바른 영어로 옮겨보자.
몇 개나 영어로 바꿀 수 있는가?

- ☐ 지원자들 (스펙)이 중요해
- ☐ 과속해서 딱지 (스티커) 뗐어!
- ☐ 어젯밤에 과음해서 밤새 (오바이트) 했어.
- ☐ 해외여행 갈 때는 반드시 (콘센트)를 준비해야 해.
- ☐ 시험에서 (커닝)하면 안 돼.
- ☐ 그녀는 유명한 (탤런트)다.
- ☐ 자동차 (핸들)은 가벼워야지.
- ☐ 그 가수한테 (사인) 받았어.
- ☐ (A/S) 해주세요!
- ☐ (와이셔츠) 한 장에 만 원!
- ☐ 책상에 (스탠드) 없네.
- ☐ (매스컴)을 통해서 알려졌다.
- ☐ 냉장고 안에 (락앤락) 제품이 많아요.
- ☐ 그 드라마는 (골든타임)에 방송한다.
- ☐ 이 영화는 19금(에로영화)이에요.
- ☐ 예쁜 (히프)를 만들기 위한 운동

스펙

영어에서 '사람'은 매우 특별한 존재로 취급된다. 그래서 많은 영어단어들이 사람일 때와 사물일 때 쓰이는 동의어 묶음을 가지고 있다. 우리가 흔히 쓰는 스펙spec이라는 단어는 specification의 줄임말로 제품의 사양을 의미한다. 그런데 영어는 사람을 물건으로 취급하는 것이 옳지 않다고 생각하기 때문에 사람의 자격은 qualification이라는 단어를 써야 맞다.

A/S

외국에 나가서 A/S라고 하면 아무도 못 알아듣는다. after-sales service라고 해야 하며, 말 그대로 판매 이후에 service를 해주는 것이다. 하지만 after-sales service보다는 under warranty란 표현이 더 유용할 것이다. warranty는 '보증서'라는 뜻으로 one-year warranty라고 하면 보증 기간이 1년이란 뜻이다. under warranty라고 하면 '보증 기간 중에 있다'라는 뜻이다. 컴퓨터가 고장이 나서 고쳐야 한다면 My computer is still under warranty라고 말하면 된다.

핸들

우리는 흔히 운전대를 핸들이라고 부른다. 하지만 이런 말은 영어권에서는 쓰이지 않는, 우리나라에서만 사용되는 그야말로 콩글리시다. 원래 영어에서의 handle은 손잡이를 뜻한다. 컵의 손잡이는 cup handle이고, 문의 손잡이는 door handle이다. 만약 외국인에게 자동차의 핸들을 잡아보라면 아마 자동차의 문 손잡이를 잡을 것이다. 우리가 이해하는 자동차 운전대의 영어 표현은 steering wheel이다. steer는 방향을 조종하다는 뜻이며, steering wheel은 방향을 조종하는 데 쓰이는 바퀴라는 뜻이다. 파워핸들이라는 말도 역시 콩글리시이고, 이것은 power steering이라고 해야 한다.

히프 · 힙

히프hip처럼 많이 쓰이지만 잘못 쓰이는 단어도 없는 것 같다. 실제 우리가 히프라고 쓰는 엉덩이 부분은 영어로 buttocks라고 한다. 그럼 진짜 히프는 어느 부분인고 하니 엉덩이 옆쪽 허리 부분에 해당한다. 서부영화에서 총잡이의 권총집이 걸쳐지는 곳이다.

제대로 된 단어인데 우리나라에서는 원래 영어와는 좀 다른 의미로 쓰이는 것들로 사인, 스티커, 커닝, 오바이트, 아르바이트, 히프, 핸들 등이 있다. 가수의 사인을 받는 것은 autograph이고, 우리가 문서에 서명하는 것을 사인한다고 하는 것이다.

우리가 부업의 의미로 쓰는 아르바이트는 원래 영어가 아니라 독일어 arbeit에서 나온 말이고 이 단어에는 부업의 의미가 없다. 하루에 몇 시간씩만 일한다는 의미로는 part time job, 그리고 정식 고용이 아니라는 의미에서 temporary job이라는 표현이 적당하고, 본업을 끝내고 주로 밤에 따로 일한다는 뜻의 속어로 moonlighting이라는 말도 있다.

정답

스펙 → qualification

스티커 → ticket

오바이트(토하다) → vomit/throw up/barf/puke

콘센트 → outlet/socket

커닝 → cheating

탤런트 → actor, actress

자동차 핸들 → steering wheel

사인 → autograph

와이셔츠 → dress shirt

스탠드(책상 전등) → desk lamp

매스컴 → mass media / mass communication

탁앤락 → container

골든타임(황금시간대) → prime time

에로영화 → soft porn/R- rated

히프 → buttocks

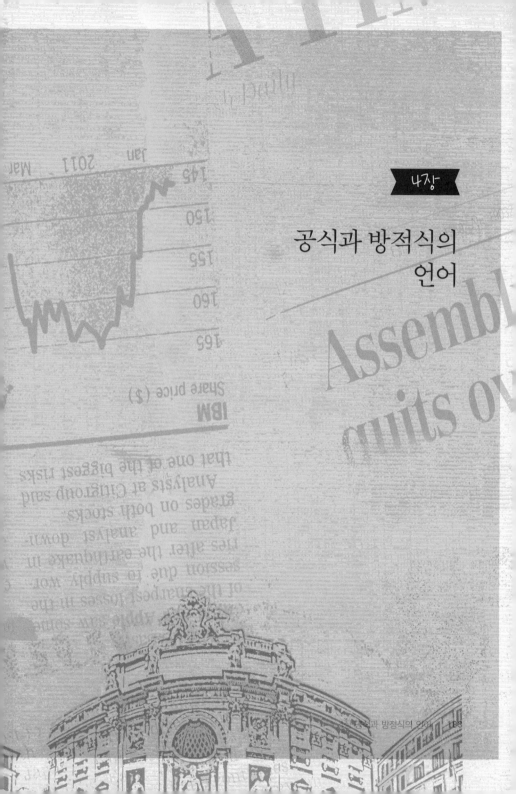

공식과 방적식의
언어

영어 15점 받던 학생이 어떻게 영어강사가 되었는가

나는 학력고사 마지막 세대다. 학력고사라는 시험은 수능 이 전에, 한마디로 우리의 부모님 세대가 보던 입시시험이다. 당시 영어는 60점이 만점이었는데 내 영어점수는 15점이었다. 사지선 다형 객관식 문제에서 찍어도 나오는 점수이자 60점의 4분의 1인, 정확히 15점이 나온 것이다.

그 당시 나는 영어가 정말 싫었다. 나에게 영어란 수많은 무 의미한 암기의 연속일 뿐이었고 문법이란 도대체 아무리 읽어도 알 수 없는 이론들의 나열이었다. 사실 나는 모든 암기과목에 약 했다. 가사, 역사, 생물, 사회 등 20점 만점의 과목들이 모두 5~6 점대였다. 암기가 죽도록 싫었던 나에게 영어는 아주 많은 암기 과목들의 집합체일 뿐이었다. 그나마 대학을 갈 수 있었던 것은 수학과 국어 두 과목 덕분이었는데 매우 자랑스럽게도 이 두 과목은 거의 만점이었다. 그리고 이 두 과목 덕분에 지금의 내가 영어로 밥 먹고 살고 있다고 할 수 있다.

중·고등학교 내내 공부가 싫었던 나는 책을 많이 읽는 아이였다. 만화책, 무협지, 소설 심지어 고전이나 철학책까지 닥치는 대로 읽었다. 공부는 못하지만 책은 많이 읽는다는 것으로 면죄부를 삼으려 했던 것 같다. 덕분에 토론이나 말싸움에서는 항상 유리했다.

사실 영어공부를 해본 사람들은 누구나 영어를 못해서라기보다는 막상 할 말이 없어서 말을 못 한다고 한다. 외국에 나가서도 특히 남학생들은 과묵하다. 영어를 못해서 자존심 상하는 것도 싫지만 할 말도 별로 없다는 것이다. 하지만 나는 하고 싶은 말, 이야깃거리들이 항상 넘쳐났다. 일단 우리말로도 하고 싶은 말이 많아야 한다. 나는 영어권 친구들과 토론거리나 논쟁거리도 많았고 그래서 영어는 못했지만 항상 적극적이었다.

수학은 공식을 이해하고 공식대로 적용하면 답이 항상 똑 부러지게 떨어진다. 하지만 나에게 수학은 공식도 외우는 것이 아니라 그 원리를 처음부터 이해하고 따라가다 보면 당연히 답으로 가는 길이 나오는 과목이었다. 그러니 외울 것이 전혀 없는 수학의 원리가 좋았던 것이다. 사실 수학도 원리나 공식을 외워야한다고 할 수도 있지만 그건 많아야 몇 십 개일 뿐이고 나머지는

다 문제에 적용을 하면 된다. 하지만 영어는 수천수만 개의 단어들을 무조건 외워야 해 막막했다. 내게는 수학의 기본 공식들을 외우지 않는 것은 게으른 것이지만 영어단어 암기는 게으름의 문제가 아니었던 것 같다.

한국에서 공부할 때 나에게 영어란 논리나 이해라는 것은 전혀 없이 무조건 외워야 하는, 엄청난 분량의 단어들과 문법의 끝없는 나열이었다.

그런데 해외에서 영어를 접하면서 영어공부는 완전히 다른 공부가 되었다. 사실 그때 당시 나는 영어를 아예 처음 공부한다고 봐야 했는데, 그래서 오히려 현지 영어를 더 쉽게 받아들였던 것 같다. 영어에는 의외로 명확한 기준들이 있었는데 그 기준들에 따라 단어들을 배열하면 딱 떨어지는 문장이 되었다. 당장 필요한 문장부터 쓰기 쉽게 공식으로 만들어 사용하면서 차츰 문장들이 화려해지기 시작했다. 그 후로 나에게 영어는 '공식이 있는 방정식'이 되었다. 단어를 외울 때도 '분류와 체계'를 따라 문장이나 상황에 맞춰 바로 응용할 수 있도록 정리하는 식이었다. 그렇게 접근하는 영어는 오히려 재미있는 수학이 되었다.

기존의 영어공부에 질려 있는 사람이라면, 아예 새로운 각도로 영어공부를 시작해보는 좋은 계기가 될 수도 있다. 이 책에서 다루는 영어공부법들은 조금 생소할 수도 있지만, 나처럼 영어가 싫었던 사람들에게는 새로운 영어공부의 세상을 열어줄 것이다.

정글과도 같은
영어 사교육 시장

　　최근에는 성인들을 위한 기초영어나 회화 강의가 대세다. 고리타분하고 자잘한 문법을 배제하고 완벽하지는 않더라도 사용하기 쉽게 영어를 공식화시키고 단순한 패턴으로 만들어 연습하는 것이다. 이런 패턴영어공부법은 실제 영어 사용권에서도 많이 쓰이고 있는 방법이기도 하다. 하지만 잘못하면 오히려 해가 될 수 있는 방법이다. 분명히 쉽고 재미있게 영어를 많이 배운 것 같은데 시간이 지나도 계속 기초영어 수준에서 제자리걸음을 하고 있기 때문이다. 뭔가 잡힐 듯하고 실력이 나아지는 것 같은데도 계속 기초영어 단계에 머물러 있다. 입에 쓴 약이 몸에 좋다고 했다. 자극적인 강의가 만족도는 높지만 실력을 높여주지는 않는다.

패턴영어나 기초회화 강의는 그 순간은 앵무새처럼 따라 할 수 있다. 그날 배운 문장만큼은 유창하게 말할 수도 있다. 그러나 그만큼 먹기 좋게 영어를 조각내어놓은 것이기 때문에 전체 영어 감각으로 이어지기는 힘들다.

강사가 말할 범위를 정해주고 생각할 것들도 모두 정해준다. 우리는 프로그램된 사람들처럼 시키는 대로 생각하고 말할 뿐이다. 이런 강의들이 도움이 되지 않는 이유다. 그러니 회화 한마디, 패턴 하나를 배우더라도 학습자가 스스로 고민하고 배운 내용들을 연결해가며 자신만의 영어로 완성해가려는 노력이 수반되어야 한다. 그렇지 않다면 앵무새가 자신도 말할 수 있다고 착각하는 것과 다르지 않기 때문이다.

흔히 사람들은 영어강사, 영문학 전공자, 외국에서 살다 온 사람들은 모두 영어를 잘할 것이라는 선입견을 가지고 있다. 하지만 실제 영어강사들이 수업시간에 하는 강의 내용은 자신들이 알고 있는 영어와는 다른 세상의 영어다. 체계적인 언어학을 배울 기회나 이해가 전혀 없는 강사들이 독학으로 영어를 배워 수업 내용을 채워간다.

사실 본인도 배운 적이 없는 영어의 각종 패턴과 어원 그리고 각종 시험의 출제 의도에 다른 공부법까지 개발하면서 말이다. 하지만 이렇게 우리가 빡세게 연구해서 발견한 학습법들은 허무하게도 대부분의 영어권에서는 이미 언어학이라는 분야에서 모두 다루어진 것들이다. 단지 그런 정식 교육을 받아본 적이 없는 강사들이 스스로 연구하고 발견해 그 일부분들을 활용하고 있을 뿐이다.

그러니 공부를 하는 학생들의 입장에서는 더욱 혼란스럽다. 강사들 저마다 영어를 습득한 고유의 스타일이 있고 생존 방식이 다르니 말이다. 대부분의 강사들은 자신도 이해하지 못한 두꺼운 문법책의 내용을 암기식으로 혹은 한국어로 해석해주며 수업을 채워가고, 그나마 나름 강의 연구를 많이 한 일부 강사들은 각자 자신만의 독특한 스타일을 고수한다. 정글 같은 영어 사교육의 세계가 열리는 것이다. 세계적으로 높은 영어 교육열에 비해 실상 우리의 영어교육 방식은 매우 열악해서 장인들의 도제식처럼 영어공부가 이루어지고 있다.

앞에서 언급한 패턴영어가 실용에 쓰임이 많은 것은 사실이다. 하지만 이런저런 강의들을 듣기 전에 먼저 영어를 조합할 수 있는 뇌 구조를 만들어주는 것이 중요하다. 모든 건물들이 그렇듯이 뼈대와 기둥들이 먼저 세워져야 그 위에 화려한 집이든 빌딩이든 완성된다. 그러니 지금부터는 영어식 뇌 구조를 만들기 위한 본격적인 기둥들을 세워보도록 하자.

언어는
'자연스럽게' 배우는 것이라는
무책임한 환상

외국어 공부는 자연스럽게 해야 한다? '자연스럽게'라는 말의 뜻을 모르는가? 자연의 순리를 역행하지 말자! 한 나라의 언어를 자연스럽게 하기 위해서는 그 나라 사람으로 다시 태어나야 한다. 자신의 모국어라야 자연스럽게 할 수 있는 것 아닌가. 영어가 모국어가 아닌 우리는 영어를 못하는 것이 오히려 자연스러운 것이다. 그러니 영어생활권도 아닌 우리나라에서 자연스럽게 영어를 배워야 한다는 뜬구름 잡는 허상에서 하루빨리 벗어나야 한다. 우리가 영어를 잘하기 위해서는 별도로 영어식 사고를 훈련받고 영어로 말하고자 하는 노력을 계속해야 한다. 한국인인 내가 자연스럽게라고 생각하는 영어는 한국어의 번역 영어가 되기 때문에 상대에게는 외계어가 된다.

한국어를 공부하는 외국인에게 우리만의 조사 '은, 는, 이, 가'를 설명하려면 당신은 그냥 원래 그렇게 쓰는 거라고 얘기할 것이다. 그러고는 '그냥 자연스럽게 쓰면 돼'라고 말할 것이다. 하지만 그렇게 설명하면 과연 외국인이 아! 그렇구나, 하며 이해하고 자연스럽게 쓸 수 있을까? 원래 그렇게 쓴다는 설명만으로는 남의 나라 말의 쓰임을 정확히 이해할 수 없다.

아마 자연스럽게 영어공부를 해야 한다고 하는 사람들은 미드를 보고 외국인 친구를 만나면서 자연스럽게 영어실력이 향상된다고 생각할지 모르겠다. 하지만 그렇게 남의 나라 언어를 배울 수 있다고 믿는 단순함이 오히려 더 놀랍다. 영어를 못한다면 미드는 당신이 화면으로 이해한 장면들만 들릴 것이고, 외국인 친구는 외국인인 당신의 틀린 영어를 대충 이해해가면서 대화를 할 것이다. 이런 상황에서 당신의 횡설수설인 영어는 늘 제자리일 뿐이다. 계속 듣고 싶은 것만 듣고, 입에서 나오는 대로 떠들면서 자신은 영어를 하고 있다고 착각할 테니 말이다.

먼저, 한 언어의 메커니즘을 이해하는 가장 좋은 방법은 그 언어 생활권에서 살면서 수년간 몸으로 구르며 그 언어를 익히는 것이다. 이 경우에는 말 그대로 자연스럽게 언어를 습득할 수 있다지만, 우리 모두가 영어권으로 유학을 갈 수는 없는 일이다.

그렇다면 차선책은 그 언어의 논리적 체계를 먼저 배운 후에 그것을 실 상황에 적용하고 연습하는 것이다. 예를 들어, 외국인이 한국어 조사를 배울 때는 이렇게 배운다. 앞 단어에 받침이 있으면 '은', 받침이 없으면 '는'이라는 조사를 붙인다. 이렇게 외국인은 국어가 모국어인 우리는 한 번도 고민해보지 않은 조합의 법칙을 배우는데 이것이 우리말의 알고리즘이라 할 수 있다.

영어를 배울 때 우리는 외국인이다

그렇다면 우리가 영어를 배울 때는 어떠한가? 누구나 다 아는 단수는 is, 복수는 are 정도를 암기하는 것으로 모든 영어의 알고리즘이나 조합법을 배웠다고 할 수는 없다. 일단 기본 체계들을 정리한 후에 회화를 배우든 단어를 암기하든 본격적인 내용을 채워도 늦지 않는다. 그렇다면 어디에서부터 시작해야 할까?

우리말은 '존대·하대' 정도로 간단히 분류했을 때 약 15만 단어 정도다. (방언·북한말·옛말을 포함하면 50여만 개) 그러나 영어는 알려져 있듯이 100만 개가 넘는 단어와 수많은 문법으로 이루어져 있다. 남의 나라 말을 공부하기 위해서는 먼저 그 언어의 체계와 조합의 방식을 이해해야 한다. 그리고 너무나 당연한 말이지만 영어의 기본은 한국어가 아니라 품사라는 사실을 인지하는 것이 우선이다. 토종 한국인인 우리에게 영어로 사고한다는 것은 절대 쉽지 않은 일이다.

우리는 영어에서 중요하다고 생각하는 것들을 모두 무시한다. 예를 들어, 그냥 단어의 뜻만 알면 되지 '자동사·타동사가 뭐가 중요해요?' 혹은 '가산·불가산 명사가 뭐가 중요해요?'라는 식이다. 그러고는 일단 무조건 우리말로 번역한 뒤 불도저식으로 밀고 나간다. 결국 우리 머릿속에는 영어가 남는 것이 아니라 한국어 번역이 남는다.

영어는 사칙연산, 공식과 방정식의 언어다

우리가 흔히 알고 있는 's + v + o'와 같은 공식들이 가장 대표적으로 영어의 속성을 보여주는 것이다. 영어는 이렇게 공식이나 표를 좋아하고 논리적인 조합을 무엇보다 중요시 여기는 언어다. 이런 논리적 사고가 단어에서 문법에 이르기까지 가장 기본적인 뼈대를 이루는 부분이다.

- 영어의 거의 모든 단어들이 짝과 의미망으로 존재한다는 점
- 사람 vs 사물 vs 동작 vs 상태 등의 분류 명령어가 있다는 점
- 영어는 품사가 전부이고 품사의 배열 법칙이 존재한다는 점

개인적으로 나는 공부머리는 하나라고 생각한다. 영어 잘하

는 머리, 수학 잘하는 머리가 따로 있지 않다고 생각한다. 모든 공부머리는 실제 '논리'라는 통로를 통해서 나오기 때문이다. 그래서 아주 먼 옛날에는 한 사람이 철학자이자 물리학자였고 수학자였으며 언어학자였다. 대표적으로 아리스토텔레스를 생각해보자. 그는 모든 학문 전반에 걸친 학자로서 과학 모든 부문의 기초를 쌓고 논리학을 창시하기도 했다. 또한 그는 철학자이자 수학자였고 정치학자였으며 경제학자이기도 했다. 데카르트 역시 철학자이자 수학자, 물리학자, 생물학자, 언어학자였다. 미켈란젤로도 건축가였고 화가인 예술가였으며, 최근의 스티브 잡스도 철학, 인문, 경영, IT 전반에 걸쳐 박학다식함을 자랑했다.

요즘은 분야별로 전문가를 중요시하는 시대이기 때문에 하나의 전문분야에서만 두각을 나타내지만 한 분야에서 두각을 나타내는 사람들은 대부분 다른 분야에 집중했어도 두각을 나타냈을 가능성이 높다. 그렇기 때문에 나는 언어를 논리나 수학으로 연계해 사고하는 것은 당연한 일이라고 생각한다. 수학이든 언어든 기본적으로 '논리와 체계'를 가져야만 하는 것들이고, 개념을 정리하기 쉬운 수학 쪽에서 이것을 가져오는 것이 많이 적용되는 방식이 아닐까 한다.

우리의 영어는
도레미파솔라시도

악기를 배워본 사람과 외국어를 배워본 사람의 공통점이 있다. 피아노든 기타든 도레미파를 배우는 것은 쉽다. 그런데 화음이 들어가고 코드를 잡아서 한 곡으로 연결하기 시작하면 거기까지가 끝이라는 것이다. 간신히 피아노로 '엘리제를 위하여'나 기타로 '로망스'를 한 곡 연주할 정도가 되면 대부분 포기의 순간이 온다. 더 복잡한 응용을 해야 하고 어느 정도 기술을 연마해야 하는 어려운 연주의 단계로 넘어가기 시작하면 바로 거기에서 우리의 배움은 끝이 난다. 처음 배울 때는 재미도 있고 금방 실력도 느는 듯했는데, 이 단계에 이르면 슬럼프도 오고 실력도 늘지 않아 지루해지기 시작한다. 우리나라 남자들이 기타로 '로망스'를 치거나 여자들이 피아노로 '젓가락행진곡'을 치며 즐거워

하는 것은 온 국민의 공통 분모다.

언어도 마찬가지다. 영어의 abcd나 일본어의 히라가나를 배우고는 My name is Suyoun이나 와타시와 수연데스에서 멈춘 것은 전 국민의 공통된 기억이자 추억일 것이다. 피아노도 화음을 넣으려면 두세 개의 건반을 동시에 눌러야 하듯이 영어도 문장으로 만들기 위해서는 두세 개 이상의 조합코드를 응용해야 한다. 하지만 문장으로 조합을 하고 응용을 해야 하는 순간이 오면 우리의 영어공부는 끝이 난다. 우리의 영어는 항상 그 조합코드를 배우기 직전에서 멈춰 있는 상태라고 생각하면 된다. 매번 간단한 영어 인사나 회화까지는 금방 가는데 그 이상은 한 발짝도 더 나아가기가 힘들다.

자, 이제 매번 젓가락행진곡만 치는 수준에 멈춰 있는 우리의 영어에도 다양한 화음을 넣어주자. 그래야 세련된 영어 연주가가 될 테니 말이다. 우리에게는 이미 필요한 것들이 모두 있다. 영어 알파벳은 물론 8개의 품사와 기본 회화능력 그리고 생각보다 많은 단어들을 알고 있다. 이제 각각의 단어들을 다양한 문장으로 조합할 때 필요한 연결 부위만 잡아주면 우리의 영어는 단어에서 문장으로 다시 태어나게 된다.

지금부터 영어단어들을 문장으로 조합할 때 넣어주는 조합코드를 '품사별 명령어'라고 정의하고 우리 안에 죽어 있는 영어를 되살려주는 소환 작업을 시작할 때다.

요즘 영어 유치원에서
배운다는 '영어 조어법'

요즘은 휴대전화에도 사전 기능이 있어 원하는 단어는 언제든지 바로바로 찾을 수 있다. 하지만 문제는 필요한 단어들을 쭉 늘어놓는다고 영어 문장이 되지는 않는다는 점이다. 그저 무의미한 단어의 나열일 뿐이다. 우리가 수능을 다시 볼 것도 아니고 우리에게 필요한 단어라고는 그저 기본 일상회화가 가능하다는 '2,000개' 정도의 단어이거나 토익 단어 수준이다. 문제는 그 단어들이 필요할 때 바로 떠오르지 않는다는 것과 문장으로 조합되지 않는다는 것이다.

만약 '아니야, 그런 뜻이 아니었어'라는 말을 하려 한다면 우리의 머릿속에는 일단 no만이 맴돈다. 그리고 더 이상 문장이 되지 않는다. 왜일까? 여기에서 '뜻'이라는 단어로는 mean을 쓰는지, meaning을 쓰는지, '그런'은 어떤 형용사를 써야 하는지 머릿속은 점점 더 꼬이다가 결국 생각이 멈춰버린다. 그렇게 둔하고 느리게 반응하니 우리에게 영어는 길고 긴 어둠의 미로가 되어버리는 것이다. 결국 No. I didn't mean that이라는 문장에서 that은 영원히 알 수 없는 존재가 되어버린다.

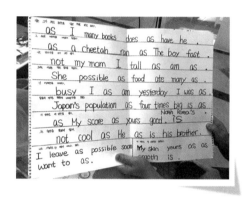

　위의 그림은 어느 영어 유치원의 원어민 강사의 수업자료다. 외국의 랭귀지스쿨에서 흔히 볼 수 있는 교수법teaching method 중의 하나이기도 하다. 이 방법은 '조어법,' 즉 문장을 조합하는 방법을 배우는 것이다. 일단 필요한 단어들을 모두 찾아놓은 후에 문장으로 배열하는 방법만 연습하는 것인데, 일단 이와 같은 훈련을 하고 나면 머릿속에 영어문장을 조합하는 틀frame이 생긴다. 그후에는 필요할 때마다 바로바로 사전에서 단어를 찾아 바꾸어넣기만 하면 문장이 된다.

첫 번째 줄의 As I many books does as have he를 문장으로 다시 조합해보면, I have as many books as he does가 된다.

영어 유치원을 다니는 내 조카의 경우는 I가 대문자니까 문장 맨 앞에 오고, I 뒤에는 have를 쓰고 he 뒤에는 has를 쓰니까, I have 그다음에는 ~. 이런 식으로 영어 배열의 법칙을 스스로 연구한다. 오히려 성인인 우리들보다 체계적이고 기본적인 단계부터 고민하며 스스로 습득한다.

이렇게 문장을 조합하다 보면 '수 일치'나 '비교급' 등의 개념들이 필요해진다. 그러면서 자연스럽게 품사와 문법에 대한 내용이 머릿속에 자리를 잡게 된다.

나는 처음에 이 자료를 보고 무척 놀라서 주변에 물어봤다.

"아니, 요즘 아이들은 어려서부터 영어를 이렇게 제대로 배우는데 왜 영어를 못할까요? 이렇게 배웠는데 토익수업을 듣는 대학생들은 왜 오히려 영어가 안 되는 거죠?"

그러자 돌아온 대답은 이랬다.

"아무리 어려서부터 영어 유치원을 다니고, 영어방송 프로그램을 보면서 자라더라도 중·고등학교에 들어가면 끝이에요. 중·고등학교 6년 동안 영어는 결국 수능영어로 바뀌기 때문이죠."

명쾌한 답이었다. 순간 모든 상황이 이해가 되면서 정리가 되었다.

　그동안 우리에게 영어문법이란 어렵고 고리타분한 공부였다. 그 이유는 왜 문법공부를 해야 하는지 자체를 이해하지 못했기 때문이다. 문법이란 기본적으로 '단어들을 배열해 문장으로 조합할 틀'을 만들기 위해 존재하는 것이다.

　즉, 문장 안에 어떤 단어들이 어떤 순서들로 들어가느냐에 따라 다양한 문장 조합들이 나오게 되는데, 이런 문장 조합의 법칙을 사칙연산처럼 공식으로 정리해놓은 것이 영어의 문법이다. 그리고 앞에서 언급했듯이 우리는 정통·고전 문법이 아닌, 당장 필요한 만큼만 떼어서 배우고 쓰는 실용문법을 습득해야 한다.

　우리도 이제 우리의 영어를 단어 암기나 문법으로만 인식하지 말고 '단어의 조합과 문장 배열이라는 접근법'으로 다시 시작하는 것이 오히려 효율적인 영어공부법이 될 것이다.

8품사의 문장 조합
알고리즘

기존의 영어공부법은 그만,
나만의 '영어의 궁전'을 지어보자!

나의 경우는 영어를 좌충우돌하며 습득한 대표적인 케이스다. 중·고등학교에서 배운 한국식 영어공부는 오히려 나를 영어 포기자로 만들었다. 20대의 늦은 나이에 시작한 해외 어학연수와 유학 시절에 나에게 영어란 공부가 아니었다. 일단은 급한 대로 닥치는 대로 외우고 읽어보고, 필요한 것을 급조해서 그날그날을 버티는 데 급급했을 뿐이다.

요즘처럼 영어 유치원이나 학원에서 영어공부를 제대로 해본 적이 없는 나의 영어는 그야말로 순백의 상태였다. 그런데 오히려 필요에 의해 독학으로 공부한 《Grammar In Use》, 《Longman Business English Usage》, 《Longman Dictionary of Common Errors》 등과 같은 책들을 통해서 영어실력이 늘어갔다. 어떤 공부법이라고 딱 떨어지게 설명할 수는 없지만 한 가지 확실한 것은 한국에서 공부하는 정통 문법이나 번역 문법은 아니었다는 것이다.

그렇게 재미없던 영어가 막상 매일 일상에서 사용해야 하니까 당장 궁금한 게 많아졌다. 처음에는 그저 영어 교재들만 보다가 차츰 범위를 넓혀 잡다한 언어학 책들을 보면서 영어의 체계를 잡아갔다. 그 영어의 체계들은 나중에 찾아보니 '의미론'이니 '형태론'이니 하는 어려운 말들이었다. 처음부터 그런 어려운 용어들로 공부를 했다면 아마도 나 또한 영어를 포기했을 것이다. 내 경험상 이러한 어려운 이름이나 개념들은 오히려 학습자들의 공부 의지를 꺾어버린다. 그러니 그런 용어들이나 개념들은 다 잊어버리자.

지금부터 나에게 맞춤으로 최적화된
나만의 '영어의 궁전'을 지어보자

요즘 우리에게 익숙한 개념인 알고리즘이라는 것이 있다.

"아니, 영어공부법을 이야기하는데 왜 알고리즘이 나와?"

이렇게 묻는 사람도 있겠지만 영어교육은 통계, IT, 경영, 심리 등 많은 분야로부터 응용 교육법을 빌려온다. 이 중에서 나에게 최적화된 방법이 어떤 것이고, 어떻게 영어를 공부할 것인가를 고민해보는 것이 우리 영어공부의 첫 단계여야 한다.

네이버 지식백과사전에 정의된 알고리즘이란 '명확히 정의된well-defined 유한개의 규칙과 절차의 모임으로, 명확히 정의된 한정된 개수의 규제나 명령의 집합이며, 한정된 규칙을 적용함으로써 문제를 해결하는 것'이다.

① **입력** : 말의 의도, 관련 단어와 정보가 있어야 한다.

② **출력** : 실제 영어 문장으로 구현한다.

③ **명백성** : 품사와 문장 조합의 명령어들은 명백해야 한다.

④ **유한성** : 체계적인 단계를 거쳐서 단어들을 배열하고 문장으로 조합한다.

영어는 우리말보다 좀 더 다양한 명령어와 분류코드와 단계들을 응용하는 과정을 거쳐 문장으로 탄생한다. 영어문장을 출력해내는 체계적인 단계들을 밟아보자.

영어 문장 처리를 위한 알고리즘 구조 만들기

영어의 구조를 요즘 많이 쓰이는 알고리즘이라고 생각한다면, 우리의 머리에 컴퓨터처럼 영어를 처리process할 수 있는 영어의 알고리즘을 만들어주는 것이다. 그러기 위해서는 영어식 사고를 위한 명령어들과 규칙들이 있어야 하고, 단어들의 배열과 조합단계를 거쳐 문장으로 처리할 수 있어야 한다.

우리에게는 사전이 있고 심지어 휴대전화 통역기도 있고 지난 10년 동안 해 온 공부가 있다. 그러니 이제 공부는 그만하고, 이미 알고 있는 것들을 어떻게 영어문장으로 배열하고 조합해 입 밖으로 뱉어낼 것인지 그 프로세스를 연구해보자.

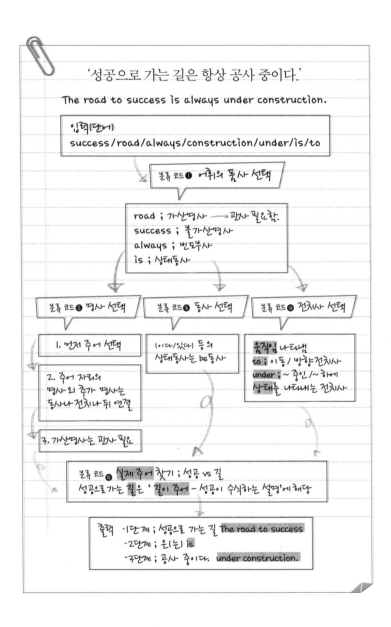

'성공으로 가는 길은 항상 공사 중이다.'

The road to success is always under construction.

입력(단어)
success/road/always/construction/under/is/to

분류 코드① 어휘의 품사 선택

road ; 가산명사 ——→ 관사 필요함.
success ; 불가산명사
always ; 빈도부사
is ; 상태동사

분류 코드② 명사 선택

분류 코드③ 동사 선택

분류 코드④ 전치사 선택

1. 먼저 주어 선택

2. 주어 자리의
명사 외 추가 명사는
동사나 전치사 뒤 연결

3. 가산명사는 관사 필요

(이다/있다) 등의
상태동사는 be동사

움직임 나타냄
to : 이동 / 방향전치사
under ; ~ 중인 /~ 하에
상태를 나타내는 전치사

분류 코드⑤ 실제 주어 찾기 ; 성공 vs 길
성공으로 가는 길은 ' 길이 주어 – 성공이 수식하는 설명'에 해당

출력 · 1단계 ; 성공으로 가는 길 The road to success
· 2단계 ; 은(는) is
· 3단계 ; 공사 중이다. under construction.

의미어인 동양어 vs
기능어이자 조합어인 영어

논리적인 척하기 좋아하는 영어 vs

개떡같이 말해도 찰떡같이 알아듣는 국어

한국어, 중국어, 일본어 등 한자를 기본으로 하는 언어인 동양어를 모국어로 사용하는 우리는 영어를 못하는 뇌가 아니라 영어를 못하는 가치관과 사고구조를 가지고 있다. 즉, 영어에서 중요하다고 생각하는 요소들을 우리는 전혀 중요하다고 생각하지 않는 것이 문제다. 동양어는 단어 하나하나가 홀로 의미를 갖는다. 그리고 문장으로 조합을 할 때도 단어 자체는 변화하지 않기 때문에 문장 조합의 원리라는 것이 중요하지 않다.

예를 들어, 중국어를 봐도 '진퇴양난'이라고 하면 4개의 단어를 변형 없이 그저 단순히 갖다 붙이면 바로 말이 된다.

진 : 나아가다
퇴 : 후퇴하다
양 : 양쪽 모두
난 : 어렵다

이렇게 대부분의 동양어들은 기본적으로 단어가 의미를 가지고 있는 '의미어'다. 하나의 단어만으로도 의미가 전달되며, 문장으로 조합할 때 특별한 변형 과정을 거치지 않기 때문에 단어 뜻만 알면 바로 문장이 된다. 예를 들어, '우리'는 문장 안에서 그 단어 자체는 바뀌지 않는다. 우리의/우리는/우리를/우리에게….

하지만 영어는 we /us /ourselves /our /ours 등 하나의 단어가 완전히 그 형태를 바꾸면서 문장 안에 들어간다. 즉, 그 단어의 의미보다는 '기능'에 더 초점이 맞춰져 있다.

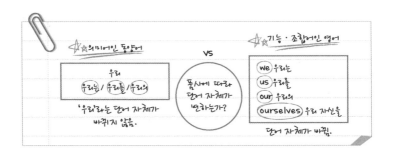

우리말은 대부분 의미어다

우리말이라고 모두 의미어인 것은 아니지만 상대적으로 조사, 접미어 등 기능어의 비중이 매우 작고 심지어 기능어가 없이도 문장이 성립된다.

다시 말해서 동양어의 단어들은 대부분 의미어고 일부 조사나 접미어들이 기능어다. 하지만 영어는 대부분의 단어들이 의미어이자 기능어의 역할을 한다. 그러니 우리가 사용하는 동양어처럼 단순히 그 단어의 뜻을 안다고 실제 문장에서 자유롭게 사용할 수는 없다.

또 다른 예를 들어, broke / was broken / has been broken / had been broken을 보자. 이 모든 단어들이 우리에게는 '깨졌다'라는 의미의 한 단어다.

여기서 끝이 아니라 때에 따라 be동사·do동사·조동사들을 더해 조합한다. was broken / have been broken / had been broken 등 동사 하나에 '시제, 태, 수 일치' 등의 변수들을 넣어보면 나올 수 있는 단어의 형태가 수십 개가 된다.

break	has broken	had been broken	would have been broken
breaks	had broken	is broken	must have been broken-
broke	have been broken	was broken	must be broken
have broken	has been broken	were broken	can be broken 등등

기능어란 단어와 단어를 연결하는 것인데 영어는 대부분의 단어들이 의미를 가진 기능어라고 볼 수 있다. 또한 단지 기능어이기만 한 단어들의 비중도 상당하다.

영어의 기능어들을 살펴보면 전치사, 접속사, 대명사, 관사, 조동사, 지시형용사, 관계대명사, 분사, 관계부사, 의문사, 관계형용사 등이 있다. 영어에서는 이 기능어들을 얼마나 세련되게 잘 쓰느냐에 따라 그 사람의 언어구사력이 좌우된다.

만약 우리가 We have dinner라고 말하면, 영어권에서는 매우 혼란스러워한다. '지금 먹는다고? 매일 저녁을 먹는다고? 도대체 뭐라는 거야?' 현재시제는 주기적이거나 일상적인 반복을 의미하는 것이기 때문이다. 정확하게 We had dinner인지 We will have dinner인지 시제를 언급해야 한다. 하지만 우리는 '뭐 대충 알아듣겠지' 이런 식으로 시제를 넘기려 한다. We have dinner와 We had dinner의 차이를 체감할 수 없다면 이렇게 생각해보자. 외국인이 우리말로 '아버지 가방에 들어가셨다'라고 한다면 당신은 알아들을 수 있을까? 아마 당신은 '어떻게 사람이 가방에 들어가지?'라고만 생각할 것이다. 하지만 그 외국인이 하고 싶었던 말은 '아버지가 방에 들어가셨다'였을 것이다.

정리해보자면, 영어에서는 시제가, 국어에서는 조사가 중요하다. 이렇게 외국어를 배울 때는 그 나라 언어에서 중요시 여기는 기준들이나 규칙들에 대한 이해가 선행되어야 한다.

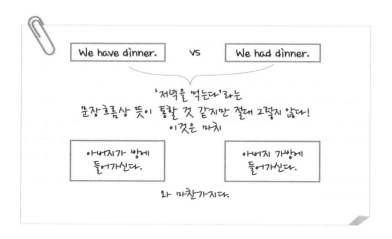

우리의 영어에서 가장 중요한 것은 당신이 게으르거나 머리가 나빠서 영어를 못하는 것이 아니라는 것이다. 우리는 처음부터 영어를 이해하기 힘든 언어구조를 가지고 있기 때문에 먼저 우리의 뇌를 영어라는 언어에 맞추어 재배치하는 과정이 필요하다.

기능어이자 조합어인 영어는 일정한 규칙들을 가지고 '헤쳐모여'를 하며 다양한 문장들을 만들어낸다. 이것의 기본이 8개의 품사이고, 이들을 사용하기 위한 패턴들이 실용영문법이다. 이 실용영문법들은 이론이 아니라 단순한 문장 배열의 공식일 뿐이다.

그리고 이런 영어문장 배열의 공식들은 영어를 사용하기 위한 알고리즘을 머리에 심어주는 것으로 이해하고 적용해야지, 지금처럼 학문적으로 파고들어서는 안 된다.

우리는 절대 영어를 못하는 것이 아니라 그 사용 방법을 모르는 것뿐이다. 그러니 그동안 해 왔던 공부를 반복하며 뫼비우스의 띠처럼 갇혀 있지 말고 한 발짝 떨어져 바라볼 필요가 있다.

우리에게 필요한 것은 머릿속에 영어를 위한 길을 새로 내주는 것뿐이다. 기존의 방식대로 한국어로 생각하고 말하는 통로로는 영어가 나오지 못한다. 우리가 배워 온 영어는 지식일 뿐이다. 지식과 이해는 다른 것이기 때문에 우리는 이해를 동반한 구조적 사고의 변화를 통해 벌집 같은 '영어의 뇌'를 만들어주어야 한다.

영어는 내 가슴에

그동안 우리의 공부는 너무 학구적이고 진지하며 완벽하려는 강박증을 가졌다. 하지만 우리가 영어를 못하는 근본적인 원인이 바로 그 진지하고 완벽한 공부 때문이었다. 문법책에서 명사를 한 번 공부하기 시작하면 일주일간 명사만 파고든다. 가산·불가산·추상·집합·군집·복합 등 명사들을 그야말로 완벽에 가깝게 공부한다. 그러다 명사에 지쳐서 그다음 동사로는 아예 가보지도 못한다. 동사로 넘어갔다 하더라도 앞에서 공부했던 명사의 내용을 까먹을까 봐 다시 명사로 돌아오기를 반복한다.

하지만 그렇게 공들여 외우면서 나름 완벽하게 공부한 명사들도 결국 시간이 지나면 희미하게 목차만이 기억에 남을 뿐이다. 그러다 다시 공부를 시작하면 이제는 너무 오래된 책이라며 또다시 새 책을 사들인다. 그러다 보니 영어책마다 처음 몇 장에만 공부한 흔적이 있다. 인터넷 중고 사이트에는 항상 '거의 새 책', '앞부분만 낙서'라고 적혀 있는 영어문법책 광고들이 넘쳐난다. 책값이 아깝다며 악착같이 중고로 팔고, 더 비싼 새 책을 사들인다. 매번 그러면서 본전은 찾았다고 스스로 위안을 하고 싶은 것일까?

자, 이제 집에 굴러다니는 오래된 영어책을 집어 들어보자. 일단 완벽하게 공부하겠다는 결심 따위는 하지 말자. 그리고 2주 정도에 걸쳐서 정독이 아닌 통독이라는 것을 해보자.

영어란 8개의 품사들이 서로 유기적으로 맞물리면서 조합되어 하나의 문장이 된다. 따라서 어느 한 품사만 완벽하다고 언어로 구현되는 것이 아니다.

마치 시각장애인이 코끼리 다리만 만지거나 코만 자세히 더듬는다면 전체 코끼리의 모습은 절대 알 수 없는 것과 같다. 그러니 일단 거리를 두고 전체 그림을 그려 보자. 코끼리의 몸 전체를 더듬어보고 만져본 적이 있어야 이 다리가 몸통 어느 부분에 가서 붙는지를 알 것 아닌가. 다리 따로, 꼬리 따로 만지고 있으니 누구에게는 코끼리가 들통처럼 생긴 것 같고, 누구에게는 밧줄처럼 생긴 것같이 받아들여지는 것이다.

영어공부도 이와 같다. 하나의 품사에 너무 집착하고 그 품사만 따로 파고들며 시간을 보내다 보면 오히려 시야가 좁아진다. 그러니 먼저 거리를 두고 전체 영어가 어떻게 생겼는지부터 봐야 한다.

먼저 '영어의 8개 품사의 배열'에 대해 가볍게 전체적으로 한 번 훑어보는 것이 좋다. 자세한 문법 내용보다는 하나의 문장 안의 '전체 품사들의 배열과 움직임'을 훑어보는 것이 앞으로 할 영어공부의 밑그림이 되기 때문이다.

그렇다고 두꺼운 영문법책을 처음부터 끝까지 다시 읽을 필요는 없다. 사실 문법책이라는 것이 그저 가볍게 훑어보기에는 절대 만만치 않은 분량이기는 하다. 그러니 무조건 책부터 펴기보다는 일단은 가볍게 같이 얘기해보는 것으로 8개의 품사와 전반적인 영어 구조에 대한 감각을 만들어보자.

어떤 품사가 어디에 들어앉고, 그 품사를 쓸 때는 무엇이 중요하고, 왜 이런 쓰임들이 있는지 궁금해지기 시작하면 그때 문법책을 들어도 늦지 않다. 궁금한 게 없고 뭐가 어디에 왜 필요한지도 모르면서 그 두꺼운 문법책을 고시 공부하듯이 들입다 판다고 영어실력이 느는 것은 아니다.

앞서 얘기했듯이 구글통역기, 정보화 시대, 최첨단 기술 시대가 열릴수록 이제 무식한 공부법은 살아남을 수 없다. 고시공부나 수능, 공무원 공부처럼 무조건 많이 암기하는 사람이 승자였던 시대는 가고 있다. 이제는 지식을 외우는 것이 아니라 전체적으로 이해하고 이용할 줄 아는 사람이 세상을 누리게 될 것이다. 뭐든지 아는 사람이 더 좋은 물건을 더 싸게 잘 사듯이 번역기나 통역기의 도움을 받기 위해서는 본인이 영어에 대한 기본 이해나 안목을 가지고 있어야 한다.

어느 영어학자가 말했듯이 영어라는 언어의 수준은 결국 사용하는 사람의 통찰력insight에 달려 있다. 영어라는 언어에 대한 이해, 개인의 논리력, 필요한 단어를 선택하거나 문장으로 조합할 수 있는 순발력 등 말이다. 그러니 자잘한 단어 암기나 세세한 문법이 아닌, 영어에 대한 전체적인 통찰력을 만들어보자.

세상 모든 언어의 기본,
명사

　　명사를 공부할 때 오히려 그 뜻을 외우는 것은 가장 간단한 일이다. 문제는 그 단어를 누구와 어디서 어떻게 쓰느냐는 것, 즉 사용 기준을 만드는 것이다. 그 사용 기준이 몸에 익어 자연스러워지면 영어문장을 조합하는 속도가 빨라진다.

　　옆의 그림은 매우 단순하다. 하지만 우리에게는 익숙하지 않은 개념이다. 영어에서 생각의 틀을 이루고 있는 단위가 우리와 다르다는 것을 아는 것이 바로 영어공부의 출발점이다. 하지만 우리는 그저 뜻만 알면 되지 가산/불가산이 뭐가 그렇게 중요하냐며 툴툴거린다.

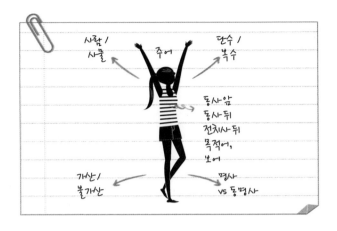

그러니 우리가 영어를 못하는 것이다. 제발 영어에서 중요하다고 생각하는 것을 우리도 중요하게 생각하자. 대충 말해도 대충 알아듣겠지, 하는 안일한 우리의 언어 습관으로는 절대 이해할 수 없는 영어 요소들이 있다. 그 요소들을 제대로 이해해야 명사를 문장 안에서 자유롭게 쓸 수 있다.

사전을 찾으면 대부분의 명사는 가산이자 불가산명사다

명사를 영어문장 안에 입력할 때, 머릿속의 첫 번째 명령어는 우리가 가장 싫어하는 가산과 불가산명사다. 예를 들어, Do you have idea?에서 idea 앞에는 관사가 붙을까? 정답은 그렇다! Do you have an idea?가 맞는 표현이다. 그럼 idea에는 왜 관사가 붙을까?

우리는 어려서부터 눈으로 볼 수 있고 셀 수 있고 만질 수 있으면 가산, 볼 수 없고 셀 수 없으면 불가산명사라는 말을 귀가 닳도록 들어 왔다. 그런데 막상 이렇게 간단한 idea라는 단어조차도 가산인지 불가산인지를 판단하기 어렵다. idea는 눈으로 볼 수 있고 만질 수 있는가? 아니다. 그렇다면 우리가 그동안 배운 것들은 도대체 뭐란 말인가.

심지어 사전을 찾으면 대부분의 명사들은 가산이자 불가산이라고 명시되어 있다. 물론 각각의 미묘한 차이도 설명해준다. 하지만 모든 단어를 공부할 때마다 매번 사전을 찾거나, 그 많은 명사들의 가산/불가산의 의미들을 무조건 외울 수도 없다. 이 막막함을 어떻게 할 것인가.

먼저 머릿속에 명사의 영역과 분류 기준을 만들어보자. 우리가 어려서 외운 information, luggage, furniture, equipment, money 등의 불가산명사들이 있다. 사실 이들은 하나의 전체 단어군cat-egory마다의 각 대표 단어들이다. 이렇게 하나의 단어군을 대표하는 단어가 불가산명사다. 그리고 각 단어군 안의, 구체적인 의미를 가진 하부 단위에 해당하는 명사들은 가산명사로 분류된다.

대표 단어	구체적인 단위
information	description/explanation/demonstration…
law	regulation/rule/guideline/instruction…
money	price/cost/deposit/refund…
luggage	bag/sack/backpack/briefcase…
furniture	chair/desk/table…
equipment	video/camera/mobile phone…

하나의 단어군, 즉 집합을 총칭하게 되는 대표 명사들은 당연히 집합명사이며 하나씩 일일이 셀 수가 없다. 그래서 불가산명사가 되는 것이다. 하지만 그 안의 구체적인 단위들은 당연히 셀수가 있다. 그래서 가산명사다.

토익 시험에 자주 출제되는 단어에는 research와 survey가 있다. 다음의 문제를 풀어보자.

Further _____ will be conducted.

a) research

b) survey

학생들은 지겨울 정도로 매번 같은 질문을 한다.

"해석하면 둘 다 말이 되지 않아요?"

나는 매번 같은 대답을 한다.

"한국말로 해석하면 무슨 뜻인지는 영어에서는 궁금해하지 않는다고!"

research는 '연구/조사'라는 단어군의 대표 명사다. 그리고 그 하부 단위인 survey, study, investigation, poll 등은 모두 가산명사다. 주어진 문제의 빈칸 앞에 관사가 없으니 답은 불가산명사다.

물론 모든 명사들의 쓰임이 이렇게 간단하지만은 않다. 일단 이렇게 크게 분류를 해놓아도 그 세부적인 쓰임은 더 민감하다. 영어는 사용자의 지적 수준에 따라 그 화려함이 달라지는 언어다.

이제는 대분류는 했으니 소분류로 영역을 더 나누어보자. 불가산명사인 law의 경우 Law is important라는 일반적인 의미의 문장에서는 분명히 불가산이다. 그러나 중력의 법칙the law of gravity과 같은 특정 법칙, 몇 조 몇 항처럼 구체적인 법 조항을 언급할 때는 가산명사가 된다.

아주 소수의 일부 영어단어들을 제외하고는 사실 대부분의 명사들은 가산이자 불가산이다. 명사의 분류 기준은 당신이 그 단어의 의미를 얼마나 포괄적으로 쓰느냐, 구체적으로 쓰느냐다. 대부분의 명사는 포괄적인 의미로 쓰이면 불가산, 구체적으로 쓰이면 가산이다. 그리고 그 분류는 완전히 개인의 언어능력에 달려 있다. 그러니 당신이 개념 없이 말하면 당신의 영어도 개념이 없어지는 것이고, 하고자 하는 말에 개념을 넣어서 구사하면 영어도 명확한 언어가 된다.

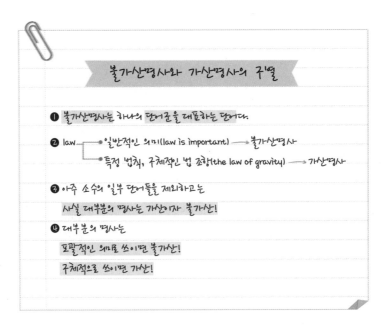

명사의 가산/불가산 용도는 전적으로 당신의 의도에 따라 자유롭게 쓰인다. 이처럼 영어는 사용자의 의도를 미세하고 명확하게 표현해주는 언어이기도 하다.

우리가 기본 품사들의 사용 기준이나 문장 조합의 법칙을 소화할 수 있다면 영어는 오히려 나의 생각이나 의도를 가장 잘 표현해줄 수 있는 언어인 것이다.

첫 번째 명령어 ; 가산명사 vs 불가산명사

가산명사 vs 불가산명사

불가산명사 대표 단어 (상부 개념)	가산명사 구체적 단어 (하부 개념)	불가산명사 원래 뜻 (상부 개념)	가산명사 변형된 뜻 (하부 개념)
law	regulations a rule guidelines	law (일반적인 법)	the law of gravitiy.
research	surveys a study an investigation	price	$100 is a good price.

두 번째 명사 명령어는 사람과 사물이다

영어의 명사를 가산/불가산의 단위로 사고하기 시작한다면, 그다음 영어식 사고의 기준은 사람이냐 사물이냐. 사실 영어의 대부분의 단어들은 사람/사물의 짝으로 존재한다. 예를 들어, interested는 사람, interesting은 사물을 수식한다든지, say는 사람을 목적어로 받지 못하고 tell은 사람을 목적어로 받는다는 것 등은 많이들 알고 있다.

그러나 영어에서 단어들을 사람/사물로 분류해 암기하는 것만이 중요한 것은 아니다. 언어를 구사할 때는 사람명사가 필요한지, 사물명사가 필요한지를 논리적으로 생각해야 하는데 바로 이때 영어도 못하고 국어도 못한다는 말이 나오게 된다.

There was an increase in _____ .

a) employee

b) employer

c) employees

d) employment

employee와 employer는 가산명사인데 관사가 없으니 일단 답이 아니라 치고 그럼 employees는 왜 답이 안 될까? 일단 우리나라 말로 먼저 대답해보자. 직원의 증가인가, 아니면 고용의 증가인가.

사람은 아메바가 아니다. 그냥 놔두면 단세포 분열하듯이 스스로 개체 수가 늘어나거나 뚱뚱해져서 증가하는 것이 아니란 말이다. 그러니 직원의 증가라는 말 또한 논리적으로는 비문이다. 답은 (d), 즉 고용의 증가다. 그럼 직원이 증가한다는 것은 어떻게 표현할까? the number of employees, 즉 사람이 증가하는 것이 아니라 사람들의 숫자가 증가하는 것이다. 여기에서 앞에서 언급한 백과사전식 사전이 나온다. 단순한 단어의 나열이 아니라 사람마다 가지고 있는 상식, 논리, 인지능력, 판단력 등이 최종적으로 개인의 언어능력을 보여주게 된다.

영어에서 사람이라는 존재는 정말로 유일하며 그만큼의 대접을 받는다. 그래서 토익에서는 나오기만 하면 우리가 무조건 틀려주는 효자 문제들이 있다. 아래 문제를 풀어보자.

> We are _____ to go.
> a) decided
> b) planned
> c) scheduled
> d) intended

이 경우에도 우리말로 해석해보면 다 같은 의미다. 하지만 사람은 로봇이 아니다. 누가 결정하고 입력하면 그대로 움직이는 프로그램이 아닌데 사람이 어떻게 결정이 되고, 계획이 되고, 의도될 수 있는가. 즉, 이런 동사들은 사람이 주어일 때는 능동태로 써야 한다. 수동태가 아예 불가능하다. 그러나 일정은 남이 잡아주거나 회사가 잡아줄 수 있기 때문에 수동태가 가능하니 답은

scheduled가 된다.

영어구사력은 이렇게 단순히 단어의 뜻이 아니라 그 단어를 사용할 때 고려해야 하는 요소들이 중요하다. 하지만 우리의 영어공부는 영어에서 중요한 감각들을 익히지 않고 무작정 뜻과 품사만 나열하려고 하니 어딘가 부족한 것 같고, 근본적인 이해가 없다. 그러니 자신감이 없을 수밖에 없다. 사전에서 내가 원하는 단어를 찾는 것은 문제가 아니다. 먼저 내가 하고 싶은 말, 내가 쓰고자 하는 단어들이 영어라는 언어 안에서 어떻게 조합되고 어우러지는지에 대한 이해를 가져보자.

두 번째 명령어 ; 사람명사 vs 사물명사

사람명사가 올 내용인가? 사물(추상)명사가 올 내용인가?

사람명사	사물(추상)명사
employer/employee	employment
competitor	competition
analyst	analysis
performer	performance

세 번째 명사 명령어는 위치다

재미있는 것은 명사는 원래 문장 중에 단 하나의 자리에서만 쓸 수 있다는 점이다. 바로 주어 자리다. 그럼 그 많은 명사들은 어떻게 문장 안에 있는 것일까?

명사는 누군가 자리를 깔아줘야만 움직이는 고상한 아이들이다. 그리고 명사의 자리를 깔아줄 수 있는 품사는 동사와 전치사다. 결론적으로 명사는 혼자 덜렁 존재할 수 없다. 주어를 빼고는 항상 동사와 전치사 뒤에 딸려 다닌다.

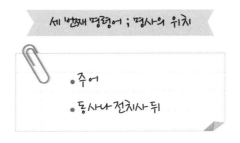

우리는 항상 주어를 명사로 시작하기 때문에 주어 자리에 대한 걱정은 전혀 없다. 사실 There is로 시작하는 문장조차도 낯선 우리가 주어를 빼놓고 문장을 시작하지는 않을 테니 말이다. 그런데 문장 안에 주어 이외에 명사들을 더 넣고 싶어지면 언제 어떻게 넣어야 할지 난감하게 된다. 다음 문장을 영어로 옮겨보자.

나는 이 아파트 10층에 산다.

→I live 10 floor apartment.

이 문장은 무엇이 문제일까? 주어 자리는 물론 문제가 없다.
그런데 10 floor와 apartment라는 2개의 명사들은 어떻게 자리를
만들어줄 것인가? 앞의 문장을 통해 생각의 순서를 정리해보자.

1단계 live라는 자동사 뒤에는 명사가 오지 않는다.
2단계 그렇다면 전치사를 넣어야 뒤에 명사 자리가 생긴다.
3단계 주의할 점은 전치사 하나당 명사 하나씩 데리고 다
닌다는 점이다.
4단계 명사는 작은 단위부터 먼저 배열한다. 즉, 10층 먼저,
아파트는 나중에.
5단계 명사 첫 번째 명령어인 가산/불가산에 따른 관사 여부
를 결정한다.

이렇게 훈련 과정을 거치고 나면 다음과 같은 영어문장이 나
온다.

I live on the 10th floor of this apartment.

네 번째 명사 명령어는 짝을 만들어서 사용하는 습관이다

앞의 '어휘 편'에서 언급했듯이 대부분의 영어단어들은 반드시 짝으로 존재한다. 따라서 한 단어와 그 짝을 이루는 단어를 함께 알고 있다면 당신이 하고 싶은 말의 의도를 좀 더 선명하게 표현할 수 있다.

date와 day의 경우를 살펴보자. date는 날짜, day는 하루, 요일이라는 뜻이다. What is the date today(=What date is today)?처럼 오늘이 몇 일인지를 물을 때는 date를 쓴다. 하지만 birthday, Monday, Thanksgiving Day와 같은 특정한 날을 부를 때는 day를 쓴다.

chance와 opportunity의 사용도 혼동하기 쉬운데, opportunity는 이미 계획한 것이나 진행되고 있는 것에 의해 순차적으로 발생하는 기회를 뜻한다. 예를 들어, 열심히 공부해서 좋은 직장에 들어갈 취업의 '기회opportunity'를 갖는 것이다. chance는 계획하지 않은 상황에서 우연히 발생하는 기회, 가능성을 나타낸다. There is a good chance of rain this afternoon(오늘 오후에 비가 올 확률이 높아)과 같은 표현에서는 opportunity가 아닌 chance를 쓴다.

home과 house도 자주 쓰이는 단어인데, house는 사람이 살고 있는 물리적인 '건물' 개념이다. 집뿐만 아니라 회사건물을 말할 때도 house가 쓰인다. 일례로 '아웃백스테이크' 같은 스테이크 레스토랑을 steakhouse라고 하고, 출판사는 publishing house라고 한다. We've just moved into our new house a week ago, so it doesn't feel like home yet은 새집에 이사 온 지 일주일밖에 안 되어서 아직 내 집 같지 않다라는 의미다. home은 물리적인 건물이 아니라 살고 있는 거주 공간을 의미한다. hometown은 '고향'이라는 뜻이다. Korea is my second home이라고 하면, 한국은 나에게 제2의 고향 이라는 뜻이 된다.

네 번째 명령어

명사의 짝을 만들고 의도에 더 적합한 단어를 선택하라.

의도에 더 가까운 단어 선택하기

- ☐ date   ☐ day
- ☐ option   ☐ choice
- ☐ chance   ☐ opportunity

명사의 사용 순서 (알고리즘)

step 1 가산명사 vs 불가산명사

step 2 사람명사 vs 사물명사

step 3 명사의 위치 선택

step 4 '짝'을 이루는 단어 중 의도에 일치하는 단어 선택

그렇게 조금의 노력도 하기 싫은데,
영어는 잘하고 싶으세요?

영어 품사의 쓰임에 대한 공부를 하자고 하면 우리는 '뭐가 이렇게 복잡한가. 도대체 이런 단계들을 모두 거치면서 언제 영어로 말을 하나'라고 툴툴거린다. 많이도 아니고 고작 8개의 품사를 몇 단계씩으로 나누어 공부하는 것이 과연 그렇게나 어려운 일이고 엄청난 노력을 요하는 것일까?

나는 게임하는 사람을 보면 다른 세상에서 온 사람들 같다. 그들에게는 영어가 외계어고 나에게는 그들의 게임 용어가 외계어다. 수많은 등장인물부터 시작해서 엄청나게 많은 지명과 길고 긴 게임 스토리는 마치 역사 공부를 하는 듯 머리에 쥐가 나게 한다. 저걸 어떻게 다 알고 있는지 존경스럽기까지 한다. 한번은 리니지라는 게임을 배워보려다가 식겁했던 기억이 있다. 리

리니지 파워북 목차

🔷 시스템	👑 클래스	🗡 아이템	✨ 마법
• 발라카스 업데이트 (new)	• 전사	• 무기	• 전사 기술
• 변신 리뉴얼	• 군주	• 방어구	• 일반 마법
• 서큐버스 서버	• 기사	• 액세서리	• 정령 마법
• 스탯	• 마법사	• 펫 아이템	• 흑정령 마법
• 스탯 초기화	• 요정	• 일반 아이템	• 군주 마법
• 성향치	• 다크엘프	• 세트 아이템	• 기사 마법
• 속죄 시스템	• 용기사	• 마법인형	• 용기사 마법
• 캐릭터 생일 축하 시스템	• 환술사		• 환술사 마법
• 변신			
• 봉인 해제 주문서	🔶 퀘스트	🔨 아이템 제작	📍 지역 정보
• 생존의 외침	• 지역별 퀘스트	• 일반 제작	• 필드 사냥터
• 안전 모드	• 도감 퀘스트	• 요정족 제작	• 던전 사냥터
• PVP	• 반복형 퀘스트	• 다크엘프 제작	• 보스 몬스터
• 우호도	• 연계 퀘스트	• 환생의 보석 제작 업데이트	
• 혈맹	• 장비 보상 퀘스트		
• 홈커밍 프로그램			
• 인챈트 시스템	🌱 초보자 성장 시스템	🔧 서비스	🏷 태그
• 낚시	• 캐릭터 생성	• 리니지 N샵	• 태그: 무기
• 펫	• 인터페이스	• 보안 버프	• 태그: 방어구
	• 이동	• PC방 프리미엄 서비스	• 태그: 액세서리
	• 전투	• 리니지 모바일 웹	• 태그: 일반 아이템
	• 명령어	• 앱센터	• 태그: 세트 아이템
	• 아이템 보관/거래	• 아덴상점	• 태그: 옵션
	• 체형	• 리니지앱	• 태그: 마법
	• 파티		• 태그: 요리
	• 일일 퀘스트		• 태그: 퀘스트
	• 서브 퀘스트		• 태그: 지역
			• 태그: 몬스터
			• 태그: NPC

출처 : 리니지 게임 홈페이지

니지 게임의 홈페이지 목차를 보면, 홈페이지 자체도 어마어마
하고 수만 개의 블로그에는 게임에 관련된 각종 팁과 경험담들
이 공유되어 있었다.

우리는 게임 하나를 하기 위해서도 각종 무기와 아이템 그리
고 전략과 전술들, 심지어 역사관과 등장인물들의 관계도까지 정
말 엄청난 양의 공부를 한다. 심지어 스킬맵SKILL MAP이라고 하여 엄
청나게 복잡한 지도를 보면서 연구하고 학습한다. 이럴 때는 매우
능동적이다. 이해가 안 되는 부분이 있으면 관련 블로그까지 모두

섭렵한다.

그런데 영어에 대해서는 모두가 그렇게 잘하기를 절실히 원하면서도 어쩌면 그렇게들 수동적인지. 다들 도살장에 끌려온 소처럼 절망적인 얼굴들을 하고 강의실에 우울하게 앉아 있다.

대부분의 학생들은 남보다 조금 덜 공부하고, 빨리 점수가 나오는 것에만 관심이 있다. 공부를 남보다 많이 하면 손해라도 보는 것인지 남보다 많이 노력하는 것이 억울하기만 한가 보다. 공부할 의지는 없고 하기는 해야겠고, 그러니 막연히 유명하다는 영어책이나 인터넷강의만 찝쩍거린다. 밑도 끝도 없는 문법책은 일단 한 챕터라도 다 읽는 것이 목적이고, 단어는 무조건 많이 외우는 것이 목적이다. 그러니 그 공부가 끝날 리가 없다.

게임의 그 많은 LOL_{League Of Legends}의 수많은 챔피언들을 섭렵하는 당신에게 단순한 영어의 로드맵을 만드는 것이 그렇게나 어려운 일일까? 과연 당신은 머릿속에 '영어의 궁전'을 못 짓는 것일까, 안 짓는 것일까.

물론 영어교육에도 문제가 있지만 지금 우리의 초라한 영어는 수동적이고 무책임한 공부를 해 온 우리 때문이기도 하다. 작더라도 규모 있는 자신만의 '영어의 궁전 혹은 영어의 로드맵'을 머리에 탑재하기 위한 노력이 부재한 것이다. 그저 남들이 다니는 학원을 다니거나 유명한 영어책을 기계적으로 읽어대는 것으로는 영어를 자신의 언어로 소화할 수 없다.

걔는 영어가 고급스러워,
고급영어의 실체인 동사

동사는 누구나 알고 있듯이 자동사와 타동사로 분류된다. 자동사와 타동사. 듣기만 해도 막막해지는 이 개념들을 도대체 어디부터 이해해야 할 것인가. 그 모든 동사들을 자동사, 타동사로 분류해 외울 수도 없고, 심지어 대부분의 동사들은 자동사이자 타동사이니 막막하기만 하다. 그렇다고 포기할 수는 없다. 그러니 지금부터 차분히 머릿속에 동사의 길을 열어주자.

영어에는 왜 자동사와 타동사가 따로 존재할까?

'증가하다'라는 단어는 왜 rise와 raise라는 자동사와 타동사가 따로 있을까? 그렇지 않아도 많은 단어들을 왜 굳이 자동사와 타동사로까지 나누어서 더 복잡하게 사용할까? 이런 분류 자체가 이해가 되지 않는데 무조건 자동사, 타동사를 외우라고만 하니 우리에게는 영어가 그저 암기과목으로만 느껴지는 것이다. 먼저 왜 자동사와 타동사가 존재하는지부터 이해해보자.

자동사는 기본적으로 주어가 스스로 움직이는 것이고, 타동사는 사람이나 외부 개입이 있어서, 즉 주어가 개입해 목적어를 그렇게 하게 만드는 것이다.

자, 당신의 회사 거래처가 매일 약속도 안 지키고, 물건도 늦게 보내고, 입금도 약속된 시간에 해주지 않는다. 당신은 매일 상사에게 혼이 나고 화가 나 있다. 거래처에 전화를 해 마구 화를 낸다. 그리고 마지막에 이렇게 외친다.

"So this contract will expire!"

그러면 상대는 '얘 뭐라는 거야?' 이렇게 된다. 지금 당신은 그래서 계약은 만기까지 계속된다고 외치고 있다. expire는 시간이 스스로 흘러 계약이 만기 종료되는 것이다. 시간이 흘러가는 것에 사람이 개입할 수는 없다. 그러니 자동사다. 그러나 사람이 개입해 '정해진 시간보다 일찍 계약을 중단시키고 종료하겠다'라는 표현을 하고 싶다면 terminate라는 타동사를 써야 한다. 즉, 당신은 '계약을 종료시키겠다!'라고 말해야 한다.

"We will terminate this contract!"

이렇게 자동사와 타동사는 영어에서는 아주 중요한 역할을 한다. 그래서 대부분의 동사들은 자/타동사가 짝으로 묶여서 같이 존재한다.

사실 모든 동사들을 이렇게 단순하게만 분류할 수는 없다. 그렇다고 그 모든 세세한 분류들을 전부 공부할 수도 없다. 이런 딜레마를 안고 있는 우리의 영어공부는 어느 정도의 선에서 타협을 보아야 한다. 그렇지 않으면 넓고 넓은 영어의 바다에서 익사할 수밖에 없을 것이다. 먼저 일상에서 반드시 필요한 기본 동사들을 자/타동사의 짝으로 정리하면서 감각을 익혀나가면 나머지 동사들에 대한 응용력은 자연히 생겨나게 될 것이다.

무조건 욕심을 내서 모든 동사의 자/타동사를 암기하려 덤벼들면 오히려 공부가 끝이 나지 않는다. 내게 필요한 단어의 범위와 영어 수준을 정해놓고 가능한 한 짧은 기간 내에 작은 목표라도 먼저 달성해야 한다. 그다음 공부의 범위를 조금씩 넓혀가는 식으로 단계별로 확장해가야 한다. 한꺼번에 모든 것을 완전히 끝내겠다는 식의 공부는 언어학습에 있어서 최악의 자세다.

무엇을 공부하든 그 방대한 정보에 끌려다니기 때문에 항상 주눅이 들고 공부에 끝이 없는 것이다. 그러니 사용자가 자신의 학습 범위, 즉 사용 범위를 스스로 정하고 주도적으로 움직여야 한다. 공부는 정말 끝이 없다. 특히 언어공부에 있어 끝이라는 것은 없으니 그 끝을 보겠다고 덤빌 것이 아니라 내가 어디까지 필요하고 얼마만큼을 공부하겠다는 기준선을 정해야 한다. 이것이 공부에 있어서의 리더십이다.

공부하면서 스스로 정한 기간과 목표가 없는 사람들은 항상 마음이 불안하다. 그러니 일단 무턱대고 정보부터 모으기 시작한다. 그런데 어디까지라는 기준이 없으니 그 많은 정보를 모으다가 지치게 된다. 항상 준비만 하다가 끝나는 것이다. 결국 세상의 모든 정보나 책을 모으기만 하다가 결국 써보지도 못하고 끝이 난다.

나는 항상 수업시간에 며칠을 결석하다가 지난 수업의 프린트물을 받으러 오는 학생들에게 이런 말을 한다.

"네가 새야? 종이 모아다 둥지 틀어? 그동안 네가 모아놓은 책과 프린트물이 집에 얼마나 쌓여 있는지 알아? 너 그러다가 TV에 나와. 왜 있잖아, 쓰레기를 못 버리고 집에다 쌓아만 두는 사람들. 그들이 너랑 뭐가 달라!"

또 이런 말도 한다.

"거지 가방에 뭐가 있는지 알아? 없는 사람들은 뭐든지 나중을 생각해서 하나도 못 버려. 그래서 눈에 보이는 건 뭐든지 쓸 수 있든 없든 일단은 그 가방 안에 넣고 보는 거야. 너는 머리가 가난한 거고 비어 있는 거야. 그러니 그 많은 책들과 기출문제들을 혹시 언제 볼지도 모른다며 방 안에 모아두는 거지. 공부 못하는 애들이 수업보다 기출 정보나 프린트물에 더 집착하는 거고. 어차피 수업 내용은 이해하지 못할 테니 일단 주는 프린트물을 꾸역꾸역 주워서 집에 갖다 쌓아놓는 거지. 그러다가 결국 동생 물려주겠지. 영어공부 대 이어서 해? 부모님처럼 내가 못한 공부 동생인 너라도 해라 이런 거야? 영어공부 못한 걸 우리 민족 한으로 대대손손 남길 거야?"

그러니 영어도 무조건 많은 내용을 머리에 넣으려고만 하지 말고 쓸 수 있을 만큼만 정리해서 실제 사용하는 것이 중요하다. 영어의 모든 동사를 분류할 수는 없으니 일단 필요한 만큼의 각 분류 기둥들을 세우고 묶음이나 짝으로 묶어서 머리에 넣어놓는 것이 최선의 방법이다.

일단 문장 안에 동사를 써야겠다고 하면, 첫 번째 명령어는 자/타동사다.

① 자동사 vs 타동사 그룹
'말하다'라는 동사를 그룹으로 묶어보면 다음과 같다.

speak	자동사 ; 일방적으로 말을 하다.
talk	자동사 ; 쌍방향으로 말을 하다.
say	타동사 ; ~~ 라고 / 라는 말을 하다.
tell	타동사 ; ~~ 에게 ~ 라는 (새로운 / 몰랐던) 사실을 말하다.

클럽의 DJ들은 모두 'say ah∼∼∼'라고 외친다. 'tell me ah∼'라고 하지 않는다. 왜 일까? 말이 길어져서? 물론 아니다. 그런데 영화 제목은 또 모두 'Tell me something'이다. say something이라는 영화 제목은 왜 없을까? tell은 몰랐던 사실, 뭔가 중요한 이야기, 힌트, 뉴스 등을 말할 때 쓰인다. 〈Tell me something〉이라는 영화가 대부분 범죄, 추리물인 것은 제목에서부터 알 수 있다. 즉, 몰랐던 것을 알아가는 줄거리일 것이라고 추측할 수 있다.

그러니 동사 하나를 외우더라도 그 단어가 어떤 그룹 안에 있고 그 안에서 어떻게 다르게 쓰이는지 용도별로 정리해주어야 한다.

'증가하다'라는 뜻의 동사들을 하나의 그룹으로 묶어보면 이렇다. 태양이 떠오를 때는 사람이 손으로 집어서 올린 것이 아니라 스스로 떠오르는 것이니 rise를 써야 한다. 좀 더 구체적으로 살펴보자. 물가가 오르고 임금도 오르는 것은 특정한 누군가의 의도가 아닌 전체 상황의 흐름이니 자동사인 rise를 써야 한다. 그러

rise	자동사 ; 해가 떠오르다. 물가, 수치가 상승하다
arise	자동사 ; 문제점, 이슈 등이 떠오르다
surge / soar	타동사 ; 가격, 물가 등이 갑자기 급등하다
increase	자·타동사 ; 수·양 등이 증가하다
raise	타동사 ; 세금, 월급 등을 올리다. 가격을 인상시키다

나 회사가 임금을 올려주기로 결정한 경우에는 회사의 의도로 인위적으로 올라간 것이기 때문에 타동사인 raise를 쓴다.[7]

따라서 동사를 외울 때는 주로 많이 쓰는 동의어들을 같이 묶음으로 묶어서 주어가 스스로 움직이는 것인지, 주어가 어떤 의도를 가지고 인위적으로 그렇게 만들어가는 것인지를 생각하며 외워야 한다.

② 동사의 대부분은 자동사이자 동시에 타동사

자동사와 타동사가 한 몸인 동사ambitransitive verbs들의 사용을 보면, 영어에서 하나의 단어가 사용자의 의도에 따라 얼마나 유연하게 움직이는지를 알 수 있다. 그러니 그런 의도를 넣지 못하는 우리의 영어는 뻣뻣할 수밖에 없다. 자동사면 자동사고, 타동사면 타동사지 둘 다 사용할 수 있다는 식의 언어 방식은 우리를 매우 혼란스럽게 한다.

우리는 '교체하다'라고 하면 자동적으로 replace A with B라고 나온다. 하지만 정작 누가 누구를 교체한다는 건지 정확하게 이해하지 못하니 막상 문장으로 쓰지는 못한다.

We will replace the old computer with a new one. (※타동사)

---

7   pay rise와 pay raise(임금 인상)에는 미국영어와 영국영어의 차이도 있다.
     영국은 주로 rise를, 미국은 주로 raise를 사용한다.

The newly purchased computer will replace the old model.

(※자동사)

이렇게 영어는 누구와 어떤 순서로 사용하느냐에 따라, 사람을 주어로 혹은 사물을 주어로 쓰느냐에 따라 자/타동사가 자유자재로 움직이는 경우가 많다. 간단한 동사들을 가지고도 다양한 영어문장을 세련되게 구사하면 진짜 영어의 감각이 있다고 할 수 있다.

두 번째 동사 명령어는 관련 목적어다

동사의 뜻을 아는 것은 어렵지 않다. 그런데 막상 내가 그 동사를 쓰는 것은 어렵다. 왜냐하면 그 뜻을 안다고 해도 매우 까다로운 성향으로 아무 단어나 주어나 목적어로 받지 않기 때문이다. 동사는 반드시 나는 어떤 주어, 어떤 목적어, 어떤 전치사하고만 쓰인다는 것을, 딱 지정해서 움직인다.

우리말로는 맞는 표현인데 영어로 말하면 이상한 문장이 되는 가장 근본적인 이유가 바로 이 부분 때문이다. 그러니 우리는 알고 있는 동사조차도 막상 문장으로는 만들지 못한다. 동사는 항상 함께 다니는 아이들을 챙겨야 한다.

① 사람만 목적어로 취하는 동사

attack과 attract이라는 단어가 있다. 우리말로는 공격하다, 공략하다 등의 의미로 큰 차이가 없게 느껴지는 단어들이지만, 토익에서는 항상 답이 attract이다. 소비자나 관광객들의 마음을 공략하는 것이기 때문이다. attract은 마음을 공략하기 때문에 뒤에 항상 사람이 목적어로 와야 한다. 사물에는 마음이 없으니 공략할 것이 없다. 어휘 편에서도 강조했듯이 이렇게 영어에서는 항상 사람/사물을 분류해서 사용한다는 것을 명심해야 한다.

특히 각종 시험들이 좋아하는 동사는 사람만을 목적어로 받는 동사들이다. 예를 들어, instruct(가르치다)나 notify(통보하다)류의 동사는 반드시 그 뒤에 사람만을 목적어로 받는다. 왜냐하면 사물을 가르치거나 사물에게 무엇을 알릴 수 없기 때문이다.

② 목적어의 유형에 따른 동사

우리는 흔히 '~하다'라는 동사를 do라고 알고 있다. 그런데 make 또한 같은 뜻으로 사용된다. 우리말로는 같은 뜻이라도 뒤에 어떤 목적어를 동반하는가에 따라 동사의 선택이 달라진다. 아래 문장을 한번 살펴보자.

We have to (make/do) a decision today.
(우리 오늘 결정해야 해.)

do의 경우는 어떤 업무나 맡은 일에 있어서 최선을 다할 때 주로 사용된다. do + business · work · job · repair. 반면에 make의 경우는 1회성인 말이나 생각, 실수 등의 동작에 사용한다. make + a decision · complaint · error · call · offer.

이번에는 문장 안에 자동사 vs 타동사/사람 vs 사물 목적어를 동시에 적용해보자.

We will _____ the agreement with ABC company.

a) proceed

b) renew

c) comply

d) attract

'계약을 계속 진행하다 · 계약을 갱신하다 · 계약을 준수하다 · 계약을 끌어오다'는 우리에게는 모두 말이 된다. 하지만 영어에서 답은 하나다.

proceed는 자동사로 forward라는 타동사와 짝이 되는 단어다. comply는 자동사로 with와 함께 쓰이며 뒤에는 법/규칙/명령 등을 목적어로 받는다. attract은 뒤에 사람을 목적어로 동반해야 한다. 따라서 답은 타동사로 계약이라는 목적어를 받는 renew가 된다.

이렇게 동사는 자/타동사의 분류를 기본으로, 문장에서 어떤 주어와 목적어가 같이 쓰였는가까지 고려해서 정확한 단어를 선택해야 한다. 즉, 단어의 뜻에 언제, 누구와 쓰이는가를 함께 머릿속에 정리해 넣어놓아야 한다. 영어는 절대 소박한 언어가 아니다. 화려하고 세련됨을 자랑하는 언어인 만큼 예민함과 디테일이 핵심이다.

다음 두 문장은 어떻게 다를까.

- Your resume proceeded to HR.
(너의 이력서가 인사부로 넘어갔다.)
- I forwarded your resume to HR.
(내가 너의 이력서를 인사부로 넘겼다.)

위의 문장은 현재 이력서의 상태를 말해주고자 하는 것이고, 아래의 문장은 내가 넘겼다는 것을 강조하는 말이다. 이렇게 영어는 '자동사와 타동사, 능동과 수동'을 넘나들며 자신의 의도를 미묘하고도 다양하게 보여준다.

그런데 우리에게는 이렇게 화려한 유의어·동의어와 그 변형들이 어색하기만 하다. 아니 뭐 전달했으면 전달한 것으로 끝이 아닌가 말이다. 그런데도 쓸데없이 똑같은 문장들을 끝없이 만들어내는 것처럼 보인다. 하지만 그 똑같은 문장들이 조금씩 다른 말을 하고 있다는 것을 이해해야 한다. 그렇다고 해서 '영어는 너무 복잡하다'라며 포기할 수는 없는 일이다.

앞에서도 말했듯이 일단은 완벽하고자 하는 욕심은 버리자. 더 이상 새로운 단어들을 외울 생각은 하지 말아야 한다. 먼저 자신이 주로 쓰는 단어부터 다시 분류해 '언제, 누구와, 어떻게'에 대한 사용 기준을 잡아주는 것이 중요하다. 그 사용 기준들만 명확하다면 자신이 하고 싶은 말을 적은 수의 영어단어로도 충분히 할 수 있다. 그러면서 사람들이 말하는 '영어의 감'이라는 것이 생긴다. 상대방이 내가 잘 모르는 단어로 말을 해도 나의 영어에 기본이 잡혀 있으면 감(응용력)이 생기기 때문이다.

하지만 《Longman Communication 3000》이나 《The Oxford 3000》에서도 분명히 말했듯이 일반적으로 영어의 86%는 3,000개 단어 미만으로 사용된다. 따라서 상대가 당신이 모르는 영어를 쓸 확률은 14% 이하다. 즉, 현재 당신이 알고 있는 단어만으로도 '영어의 틀'을 잡아 영어로 의사소통하는 데 아무 문제가 없다는 의미다.

세 번째 동사 명령어는 우리에게 가장 낯선 '시제'다

어떤 학생이 내 강의를 듣고 인터넷에 자신의 영어공부 인생에 회의가 든다면서 글을 올렸다. 자신은 아직도 왜 I buy a book

이라는 문장이 틀린 것인지 모르겠다고 써놓은 것을 보고 한참을 웃었다. 그렇다. 사실 현재시제라는 것은 이렇게 누군가의 인생에 커다란 혼란을 안겨줄 정도로 치명적인 시제이기는 하다. 우리말에는 세 가지 시제뿐이다. 과거, 현재, 미래.

그런데 영어에는 현재시제 하나만 해도 현재, 현재진행, 현재완료, 현재완료 진행형, 심지어 여기에 현재완료 수동태 등 너무나 다양한 현재시제와 태의 변수가 존재한다.

우리가 가장 주의해야 할 시제인 현재시제부터 간단히 살펴보면, 현재시제는 현재에 발생하는 것이 아니다. 현재 발생하고 있는 중인 것은 현재진행형을 쓴다. 현재시제는 1회 발생하는 단순 동작에는 쓸 수 없다. 즉, I buy a book 혹은 I call him과 같이 1회 발생 동작에는 사용할 수 없다는 것이다.

그렇다면 현재시제는 언제 쓰이는 걸까? 기본적으로는 일정 정도 지속되는 상태, 감정, 생각 동사에만 쓰인다. I like red처럼 말이다. 그런데 '일정 정도 지속'이라는 개념은 과거에서 현재, 미래까지 계속 이어지는 상황에도 적용된다.

I go to school every day. (나는 매일 학교에 간다.)

같은 맥락에서 현재시제는 '주기적이고 일상적이고 반복적인 상황'에서 쓰인다. 즉, 책을 한 번 구매하는 1회 행위인

I buy a book이라는 문장은 틀린 문장이지만 I buy a book once a week는 맞는 문장이 된다. 현재시제는 한 번의 동작이 아니라 이 동작이 반복되는 경우에 쓰인다. 그래서 빈도부사가 현재시제에 동반되어 그 동작의 반복, 지속성을 보여준다.

'책을 산다'는 것이 왜 잘못된 것인가? 책을 사는 것이 문제가 아니라 '산다'는 것이 앞으로 책을 살 것이라는 것인지, 아니면 지금 책을 사고 있는 중이라는 것인지를 도통 알 수 없다는 것이 문제다.

계약서나 법, 규칙의 시제는 미래에 지켜야 할 것이니 미래형으로 쓰일까? 그렇지 않다! 계약서의 시제가 미래라면 그 내용은 항상 지금은 지킬 필요가 없다. 내일 지키면 되는데 내일 그 계약서를 보면 또 오늘이 된다는 딜레마가 있지 않은가. 그래서 계약서나 규칙들은 항상 현재시제나 should가 포함된 문장으로 쓰인다. 정해진 기간 안에서는 언제 누구에게든 지속적이고 반복적으로 적용되어야 하기 때문이다.

한국인은 불친절하다

여기서 불친절하다는 것은 정말 무례하다는 것이 아니다. 얼굴에는 겸연쩍은 미소가 가득하고 태도는 참 친절한데, 영어로 말만 하면 무뚝뚝해지고, 내용은 짧아진다. 그러니 불친절하다는 것이다. 말하는 것만 들으면 모두 경상도 상남자 스타일이다.

말은 짧고 자세한 설명도 없이, 그저 네가 '적당히 알아서 새겨들어라'라는 식이다. 얼굴이 웃고 있다고 다 친절한 것이 아니다. 말을 친절하게 해야 할 것 아닌가.

우리, 조금만 더 친절하고 자세하면 안 될까? 조금만 더 생각하고 성의 있게 말해주면 안 되나? 듣는 상대에 대한 배려가 없는 건지, 아니면 생각하는 게 귀찮고 게으른 건지 항상 단어 몇 개로만 말을 한다.

동사는 자동사인가? 전치사는? 시제는? 등을 고려해주고, 명사는 가산? 그러면 관사는? 이런 식으로 조합을 하면서 조금만 더 생각하고 친절하게 말을 해보자.

I am going to the market on Saturday.
(나는 토요일에 시장에 갈 거야.)

품사의 사용 기준과 문장 배열에 필요한 생각의 단계들은 모두 생략하고 그저 단어만 던지지 말아야 한다. 물론 영어생활권이 아닌 우리나라에서 이런 분류와 사용이 자연스러울 수는 없으니, 영어를 위한 사고 구조와 품사별 분류 기둥들을 세우는 노력을 체계적으로 그리고 지속적으로 해야 한다.

네 번째 동사 명령어는
'내 마음이야 vs 내가 결정한 게 아니야'의 분류다

동사의 사용 기준은 그 의지, 선택권, 강제성의 유무다. 영어권에서는 항상 책임 소재를 중요시하기 때문에 누구의 의지냐, 누구의 잘못이냐를 무의식중에 분명하게 짚고 넘어간다.

그래서 앞에서 보았던 able(주어 관련)과 possible(외부 요인)처럼 거의 모든 품사에 책임 여부에 대한 분류코드를 넣고 사용한다. 우리가 보면 참 치사한 부분인데, 걸핏하면 사사건건 소송을 하는 문화에서 사실 이런 습관은 당연한 것일 수도 있다.

동사는 수동태로도 책임 여부를 밝히지만 단어 자체가 이를 위해 2개 이상의 동의어를 가지고 있다. 예로 must와 have to는 일반적으로는 같은 의미로 사용되지만, 누군가가 어떤 것을 정기적으로 해야 하는 것을 의미할 때, 예를 들어 업무와 관련된 일을 해야 된다고 말할 때 must를 쓰지 않고 주로 have to를 쓴다.

She has no help and has to do everything by herself.
(그녀는 누구의 도움 없이 스스로 모든 일을 해야 한다.)

하지만 개인적인 판단이 아니라 formal한 경우, 혹은 rule이나 law에 의해 무언가를 해야 한다고 할 때는 must를 사용한다.

Employees who qualify must apply within two weeks.
(자격을 갖춘 지원자들은 2주 내에 지원해야 한다.)

I should have been there는 갔다는 것일까, 가지 않았다는 것일까?

조동사 또한 우리의 '의지'의 강도를 보여주는 것들이다.

가정법의 예를 보자. 다음의 경우는 if 없이 홀로 쓰이는 가정법으로 과거 사실에 대한 한탄, 후회, 변명, 혼잣말 등을 의미한다. 이런 경우에는 굳이 가정법이라는 어려운 문법으로 접근하지 말고 하나의 표현으로 알아두는 것이 더 편하게 자주 사용할 수 있다.

- should have been there (꼭 가야만 했는데 못 갔다. -의무)
- would have been there (갈 수 있었는데 안 갔다. - 의지)
- could have been there (갈 수도 있었는데 못 갔다. - 가능성)

이렇게 영어는 조동사의 선택만으로도 자신의 의지, 상황, 의도 등을 보여줄 수 있다. 또한 자유롭게 동사를 선별해 쓸 수 있다는 것은 그만큼 그 사람의 메타인지적 능력이 높다는 것을 뜻한다.

네 번째 명령어

동사의 행위를 하는 주도권을 누가 갖는가?
"내 마음이야! vs 내가 결정한 게 아니야!"

I

other things/ persons

I am planning to go.
내가 결정

I am scheduled to go.
누군가/무엇인가에 의해 결정

다섯 번째 동사 명령어는 '기준과 이동 방향' 분류다

동사의 이동 방향, 즉 누가, 누구를 기준으로 어느 방향으로 말을 하고 있느냐는 영어의 중요 분류 기준이다. 흔히 우리는 go는 '가다'이고 come은 '오다'라고 알고 있다. 하지만 정확한 의미를 따지자면 go는 어느 특정 장소로부터 멀어지는 것을 의미하고 come은 어느 특정 장소로 다가가는 것을 의미한다.

영화에서 보면, 전화 수화기를 들고 상대방에게 가고 있을 때, I'm going이라고 하지 않고, I'm coming이라고 말한다. come은 말하는 사람이나 듣는 사람이 있는 곳을 기준으로 그곳으로 간다는 의미다. 영화에서 '엄마, 나 집에 왔어'라는 표현은 Mom, I came home이라고 하는데, 엄마가 있는 곳을 기준으로 내가 온 것이다.

I'm sorry, but I can't come to your office this afternoon.
(죄송하지만 오늘 오후에 당신 사무실로 못 가겠습니다.)

우리말로는 '못 가겠습니다'이지만 영어로는 I can't come이 된다. 왜냐하면 내가 가는 것이 중요한 것이 아니라 상대방의 입장에서 상대방을 기준으로 말하기 때문이다.

이렇게 동사는 이동 방향에 따른 짝을 가지고 있으며 '문장 안에서 누구를 기준으로 말하는가'를 정확히 밝히는 언어다.

Would you (borrow/lend) me some money? (돈 좀 빌려줄래?)

위 문장에서 borrow는 '빌리다'라는 뜻이다. 빌리는 사람이 있으면 빌려주는 사람이 있어야 한다. lend는 '빌리다'가 아니라 '빌려주다'라는 뜻이다. 우리는 borrow라는 단어에 익숙해 있어서 '빌려 달라'고 말할 때도 borrow를 사용하는 경우가 많은데 이 경우에는 lend라고 해야 한다. '빌려줄래?'라는 말은 빌리는 사람의 입장이 아니라 빌려주는 사람의 입장에서 말하는 것이다. 그래서 답은 lend가 된다.

예를 들어, 라이터를 빌리고 싶을 때, Can I borrow your light-er?는 "라이터 좀 빌릴 수 있을까요?"라는 뜻이고, Would you lend me your lighter?는 "라이터 좀 빌려줄래요?"라는 뜻이 된다.

결과적으로 똑같이 라이터를 빌리는 것이지만 빌리는 사람을 주어로 하느냐, 빌려주는 사람을 주어로 하느냐에 따라 표현이 달라진다.

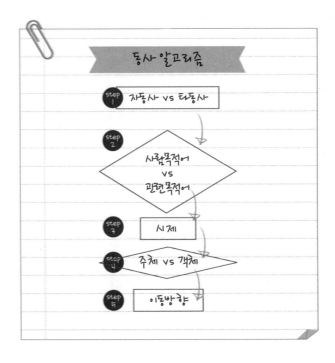

머리가 중2병

이쯤 되면 또 짜증이 나기 시작한다.

"영어는 역시 너무 어려워!"

양심적으로 남의 나라 말을 배우면서 이 정도도 공부하지 않고 자연스럽게 말을 하겠다는 것 자체가 날로 먹겠다는 심보 아닌가. 다시 한 번 강조하지만 영어는 기본적으로 8개의 품사와 많아야 각 품사별 5개 정도의 단계별 분류 기준(문장 조합의 알고리즘)을 거친다. 그렇다고 하면 고작해야 40여 개 정도의 분류 기준과 문장 조합 과정들이 있을 뿐이다.

그런데 공부만 하라고 하면 다시 사춘기로 돌아가는지, 반항심이 강해지는지 항상 불만만 쌓인다. 한 번에 하나만 생각하고 싶은데 여러 가지를 고려하라고 하니, 머리가 아예 멈추는 모양이다. 나는 수업시간에 '너는 몸은 늙었는데 머리는 사춘기'라는 표현을 자주 한다. 마음의 사춘기는 지났는데 머리는 아직도 사춘기다.

"좋겠다! 육체는 늙어도 머리는 젊은 정도가 아니라 거의 유야 수준이니 말이다."

공부는 해야겠는데 막상 시작하려니 하기가 싫다. 그러니 영어를 잘하고 싶다는 욕구와 불만만 쌓인다. 그런 사람들에게 영어는 자기계발의 수단이 아니라 스트레스의 원천이다.

아예 포기하자니 불안하고, 공부를 하자니 막막하고, 그래서 책을 사들이고 학원을 열심히 다닌다. 나는 학생들에게 '너희들은 학원 분리불안이다'라는 말을 자주 한다. 엄마가 없으면 아이가 불안해하듯이 학원을 다니지 않으면 학생들은 불안해진다. 그러니 학부모가 되면 일단 자식들을 학원부터 보내고 본다.

이런 건 무슨 심리일까. 나는 가끔 학원이 교회 같다는 생각도 한다. 사람들은 학원을 다니며 교회를 다니는 것처럼 마음의 위안을 얻는 것 같다. 또한 학원은 보험 같은 존재이기도 하다. 내가 공부를 하지 않더라도 일단 한 발 걸쳐놓으면 안심이 되니까.

하지만 당신의 스트레스는 결국 스스로 해결해야 하고, 자신의 머리는 스스로 채워야 한다. 학원을 아무리 열심히 다녀도, 미드를 아무리 열심히 틀어놓아도 영어가 우리 머릿속으로 저절로 들어오지는 않는다. 그러니 엄살은 그만 부리고 짧게라도 바짝 집중해서 일단 영어를 위한 생각의 구조를 만들어보자.

먼저 머릿속에 '영어식 사고 구조'를 만들어주고 나면 그 후에 미드를 보든, 학원 수업을 듣든 배운 것들이 자연스럽게 체화되면서 영어실력이 늘게 된다.

짧은 한 권의 책이지만 이 책을 정독만 해도 영어의 큰 그림, 즉 '영어식 사고 구조'를 만들 수 있다. 그럼에도 이렇게 복잡한 단계들을 언제 다 적용해, 라고 묻는다면 도대체 수능은 어떻게 봤냐고 물어볼 수밖에 없다. 이게 복잡하다면 그 두꺼운 영문법책은 어떻게 봤으며 그 많은 암기과목들은 어떻게 공부했는가 말이다.

미드를 보며, 회화 학원을 다니며 자연스럽게 영어를 습득할 수 있을 거라는 환상을 깨고 싶지는 않다. 그렇게라도 공부해야 영어 공부가 조금은 재미있을 테니까. 맞다. 물론 언어는 자연스럽게 해야 한다.

먼저 당신의 머릿속에 영어를 위한 체계와 구조가 있다면 말이다. 막연히 영어를 잘하는 그날을 기다린다면 그날은 영원히 오지 않을 것이다.

to부정사의 명사적용법 따위는 이제 좀 잊자

to부정사의 명사적용법 같은 것은 아무리 배워도 실제 우리 영어 수준에서는 쓸모가 없다. 이렇게 아카데믹한 문법 때문에 영어로 말하려고 하면 생각만 많아지고 막상 말은 못하게 되는 것이다. 필요한 정도만 배우면 되는데 지나치게 많이 배워서 오히려 탈이 난다. 나의 취미에 관한 표현은 My hobby is reading인가, My hobby is to read인가? 이런 쉬운 질문에도 우리는 순간 움찔한다. 물론 둘 다 명사로 쓸 수 있다.

명사 자리에서 동명사·to부정사의 차이는 '과거·과거에서 현재의 지속 vs 앞으로 할 일'일 뿐이다. 나의 취미는 앞으로 할 일이 아니라 과거부터 지금까지 지속되는 것이니 reading이 된다. 반면에 미래의 나의 목표, 미래, 결정, 노력 등에는 to부정사가 온다. 아래의 경우도 마찬가지다.

Our aim is _____ sales next year.
a) to increase (○)
b) increasing (   )

또한 There is a book to read는 앞으로 읽을 책이고 There is a book for reading은 누구나 평소에 보는 참고서가 되는 것이다.

I am sorry to say. (※ 아직 말 안 한 것임.)
I am sorry for being late. (※ 이미 늦었음.)

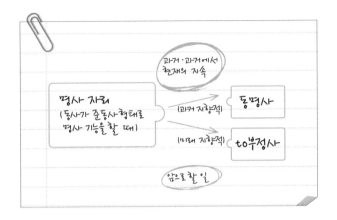

그런데 왜 멀쩡히 있는 명사라는 존재를 놔두고 굳이 명사로 쓸 수 있는 동명사라는 것을 따로 만들어놓았을까. 동명사에 대해서 우리가 알아야 할 것은 아래의 세 가지뿐이다.

첫 번째, 해당 명사가 없을 때 사용된다. training의 경우에는 명사가 없다. 참고로 train은 기차다. 이런 경우에는 동명사에서 빌려다가 명사 대신으로 사용한다.

두 번째, 뒤에 목적어가 따라오는 경우다. Building a house costs a lot에서 building은 목적어인 a house를 받는다.

세 번째, '동명사 + 명사' 형태의 복합명사로 쓰이는 경우다.

다음 단계로 넘어가보자. 동명사 앞에는 형용사가 올까, 부사가 올까? 무조건 외우기보다는 먼저 논리적으로 이해해보자.

The _____ training is important.

_____ training people is important.

각각 어떤 말이 들어가야 할까. 첫 문장의 경우 training은 홀로 명사를 대신한 것이니 그 앞에는 형용사가 와야 할 것이다. The efficient training is important다. 두 번째 문장의 training은 뒤의 목적어인 people을 받았으니 동사의 성향이 된다. 그러니 부사가 수식을 하게 된다. Efficiently training people is important.

이렇게 품사와 문법이라는 것은 고정된 것이 아니라 문장 내의 다른 품사들과 유기적으로 움직인다. 그러니 영어에서 8개의 품사들이 어떻게 유기적인 관계를 가지고 변화하며 움직이는지를 이해하는 것만으로도 영어공부의 전환점이 될 수 있다. 그동안 우리의 공부법은 너무나 옛날 방식이었다. 낡은 영어공부법에 새로운 시각을 넣어주는 것만으로도 우리의 영어는 새롭게 태어날 수 있다.

아래의 토익 문제를 한번 풀어보자.

For fast _____.

a) process (   )

b) processing (   )

이 문제를 보면서 아직도 빠른 과정을 위해서인가, 빠른 처리를 위해서인가를 놓고 고민하고 있다면 당신은 여전히 영어의 감이 없는 것이다. 명사 자리이니까 당신은 당연히 가산/불가산명사에 대해서 먼저 생각했어야 하며, 명사가 있는데 굳이 동명사를 써야 할까를 고민했어야 한다.

이렇게 명사와 동명사가 둘 다 존재하는 경우에는 항상 명사가 기본 뜻을 가지고 있으며, 단위가 되는 가산명사다. 즉, process는 가산명사이기 때문에 관사가 있어야 하고, processing은 그 행위, 과정에 해당하는 불가산명사다. 따라서 답은 processing이다.

단위가 되는 가산명사

가산	plan	market	account	process
불가산	planning	marketing	accounting	processing

행위가 되는
불가산명사

- plan을 가지고 하는 행위 planning
- 시장에서 발생하는 모든 행위 marketing
- 계좌를 가지고 하는 행위 accounting
- 과정을 처리하는 행위 processing

명사를 가지고 하는 행위
= 동명사

내가 은퇴를 한다면
completely 때문이다

나는 completely라는 단어만 나오면 강의를 포기해야겠다는 생각이 든다. 10년 전쯤 강의실에서 종종 이런 말을 했었다.

"나는 너희 다음 세대는 가르칠 수 없을 것 같다. 왜냐하면 너희 다음 세대는 국어가 망가져 있기 때문에 영어를 배울 수 없을 것 같아서야."

물론 그런데도 나는 아직도 강의 중이다. 영어를 한국어로 해석하지 말라면서 왜 국어실력을 운운하는가 하면, 여기서 국어를 못한다는 것이 진짜 말을 못하거나, 해석을 못한다는 게 아니기 때문이다. 모국어인 국어를 개념 없이 사용하고, 그저 입에서 나오는 대로 생각 없이 떠들어대기 때문에 영어에서도 말의 논리가 없어진다. 논리라는 것은 국어와 영어 모두에서 요구된다.

예를 들어, 완전히 예쁘다 혹은 완전히 맛있다라는 조합은 우리나라 말에서도 틀린 표현이다. 그런데 요즘은 '완전히'라는 표현을 마치 모든 말에 MSG처럼 사용한다. 아무 데나 갖다 붙이며 그냥 막 쓰는 것이다. 강의실 학생들의 절반은 완전히 예쁘다라는 말이 왜 틀렸는지 이해를 못한다. 그런데 심지어 She is completely beautiful이라는 영어문장에서 completely가 왜 틀린 표현인지를 어떻게 설명할 수 있단 말인가.

그러니 국어를 못하는 사람이 영어도 못한다는 것은 분명히 맞는 말이다. 우리가 평소에 잘 인지하지는 못하지만 우리말도 그 사용에 있어 분명히 개념과 논리라는 것이 중요하다.

우리말에서도 사람의 언어구사력과 지적 능력은 상관관계가 있다. 말을 할 때는 이것이 상태인지, 정도인지, 크기인지, 수/양인지 등의 분류가 있는데, 그런 분류 없이 그저 입에서 나오는 대로 뱉어버리는 말의 습관은 그 사람의 지적 능력도 떨어뜨린다. 국어든 영어든 항상 언어를 논리적으로 사용하기 위해 노력해야 한다. 특히 모국어인 국어가 변질되고 비문들이 남발된다면 제2외국어를 배우는 것은 당연히 불가능하다.

앞에서 언급한 '완전히'라는 단어는 어떤 상태를 나타내는 단어가 아니라 어떤 동작이 모자람이 없이 완성되어 있는 것을 의미한다. '완전히 끝났다'에서처럼 말이다.

이제 다른 예를 생각해보자. '지난달에 사람들이 돈을 많이 인출했다'라는 문장에서 많이 인출했다는 것은 정확하게 무슨 의미인가?

Last month, People (hugely /greatly) withdrew money.

여기에서 가장 큰 문제는 우선 우리말에서부터 정확하게 '많은 양의 돈의 인출'인지, '많은 횟수의 인출'인지를 명확하게 해주어야 한다는 점이다. 우리말로도 정확하게 의도가 드러나지 않는 그런 애매한 말을 영어로 말하려고 하니 우리의 영어는 더 미로에 빠지게 된다.

영어에서 '많이'라는 단어를 찾아보면 수십 개의 단어들이 있다. 그러니 사용자의 의도가 정확해야만 정확한 단어를 선택해 쓸 수 있다.

만약 '많은 돈을 인출했다'라는 의도라면 hugely를 선택하겠지만, 그렇다면 차라리 부사보다는 a huge amount of money(많은 양의 돈)라고 형용사로 바꾸어 명사 앞에 위치시키는 것이 좋다. greatly 또한 어느 동작의 정도가 큰 것으로 감정 동사가 증가, 감소, 변화의 폭이 큰 것을 의미한다. greatly changed는 상당히 많이 변화했다라는 뜻이다. 결국 이 상황에서는 돈을 많이 인출했다가 아니라 자주 인출했다라고 말해야 하니 답은 frequently가 된다.

사실 우리는 부사가 중요하지 않다고 생각한다. 그저 강조나 느낌 전달을 위해서 가볍게 쓴다고 생각하지만 국어에서도 영어에서도 부사는 절대 만만한 것이 아니다.

말을 잘하는 강연가나 달변가들을 보면 매우 정확하게 단어를 선별해서 쓴다는 것을 알 수 있다. 그런데도 우리는 말을 그저 쉽게 감각적으로만 쓰려고 한다. 말이란 느낌만 전달하면 되는 것이 아니라, 자신의 생각이나 의도를 명확하게 전달하는 수단이다. 그리고 특히 부사는 당신의 의도나 지적 수준을 보여주는 적나라하고 치명적인 잣대가 된다.

이 파트는 영어의 부사 외에도 국어의 부사에 대해서도 정리하는 계기가 될 것이다. 부사는 한국어에서도 영어에서도 정확한 수식관계와 하고 싶은 말의 의도를 민감하게 표현하기 때문에 일단 분류 기준들을 정리해야 한다. 부사를 영어문장 안에 조합할 때 생각해야 할 변수들은 다음의 두 가지다.

부사의 첫 번째 분류 기준은 '누구를 수식하는가'다

부사는 무엇을 수식하는지를 분명히 한 후에 선택하고 사용해야 한다. 부사는 수식관계에 따라 '형용사 수식·동사 수식·수사 수식·문장 수식·비교급·최상급 수식' 등 각자 무엇을 수식하는가에 대한 분류들이 있다. 우리는 부사가 있어도 그만이고 없어도 그만인 존재라고 생각하고 아무 때나 써도 상관없다고 알고 있다.

하지만 전혀 그렇지 않다는 것을 알았으니 앞으로는 '무엇을 수식하는가와 어디에 위치하는가'를 염두에 두고 숙지하는 습관을 들이자.

very는 형용사나 부사를 수식하지만 동사를 수식할 수 없다. 일반적으로는 '매우'라는 의미로 쓰이는 부사지만 서수나 최상급 앞에서는 '가장·바로' 등의 뜻으로 쓰인다. He came very first 에서는 '매우'가 아니라 그 사람이 '제일' 처음 왔다는 의미다. 즉, 수식하는 대상에 따라 의미가 미세하게 달라지는 것이다.

우리가 흔히 알고 있는 'Last Christmas'라는 팝송을 보면,

Last Christmas I gave you my heart. But the very next day, you gave it away.

내가 마음을 주었는데 당신은 '바로' 다음 날 나를 차버렸다. 그런데도 나는 너를 보고 또 흔들린다라는 다소 지질한 내용을 담고 있다. 어쨌든 여기서의 very도 매우가 아니라 '바로'라는 의미다.

부사의 두 번째 선택은 '기능'의 분류다

"부사에도 이름을 붙여주세요!"

상태	정도	빈도/횟수	주관	시간	사람	방법
동작	판단	수/양	객관	장소	사물	시제

① 상태부사 vs 동작부사

The rumor is (<u>widely/quickly</u>) spread.

물론 소문이 '빨리' 퍼질 수도 있고, '널리' 퍼질 수도 있다. 그
러면 그냥 내 마음대로 아무 단어나 써도 될까? 물론 그렇지 않
다. 위의 문장은 수동태로 현재 소문이 퍼져 있는 '상태'이기 때
문에 widely와 같은 상태부사를 써야 한다.

만약에 spread가 지금 퍼지고 있는 '동작'을 나타내면 동사
를 수식하는 부사가 필요하다. The rumor has spread + fast, quickly,
rapidly, gradually, slowly. 이러한 부사들은 동작을 보여준다. 또한
이런 부사들은 상태를 나타내는 형용사와는 같이 쓸 수 없다. 그
러니 부사를 선택할 때는 그 뜻만 찾지 말고 '동작과 같이 쓰이는

지' 아니면 '움직이지 않는 형용사, 상태'와 같이 쓰이는지 분류하는 습관을 들여야 한다.

② 속도 vs 수/양 vs 태도 (긍정 vs 부정)

도대체 이 많은 부사들이 왜 존재하는지를 살펴보면 영어가 참 섬세한 감각과 세분화된 의도별 사용 기준을 가지고 구사되는 언어라는 것을 다시 한 번 느낄 수 있다.

'증가하다'라는 말에 어떤 수식들이 붙는지 살펴보자.

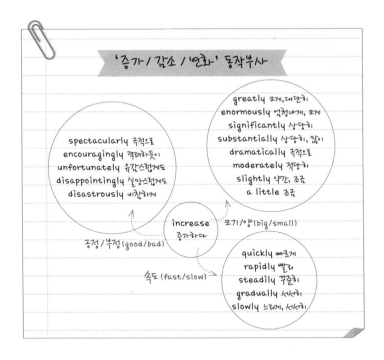

우리말에서는 '증가하다'라는 말이 그냥 많이, 적게 정도의
뜻의 부사들과 쓰이는 데, 영어에서는 크기·양, 속도, 긍정·부정
등으로 세분화된 부사와 함께 쓰인다. 이러한 이유로 영어는 화
려하면서도 감칠맛이 난다.

③ 빈도부사/동작의 횟수 - always, sometimes, never, etc.
   아래의 부사들 역시 형용사를 수식하지 않고 동작이 얼마나
자주 발생했는가를 보여준다.

ADVERBS OF FREQUENCY

%	Adverb of Frequency	Example
100%	Always	I always study after class.
90%	Usually	I usually walk to work.
80%	Normally/Generally	I normally get good marks.
70%	Often/Frequently	I often read in bed at night.
50%	Sometimes	I sometimes sing in the shower.
30%	Occasionally	I occasionally go to bed late.
10%	seldom	I seldom put salt on my food.
5%	Hardly ever/Rarely	I hardly ever get angry.
0%	Never	Vegetarians never eat meat.

Subject + Adverb + Main Verb   Subject + Be + Adverb
Daniel always passes his exams.   He is always happy.

출처 : www.woodwardenglish.com

④ 객관적 vs 주관적

'오늘은 너무 춥다'라는 표현을 하려면 so cold를 써야 할까,
very cold를 써야 할까. 팝송 제목은 왜 항상 'You are so beautiful(당
신은 너무 아름다워요)'일까, 왜 very라고 하지 않을까? '매우'라는
의미의 so와 very는 물론 동의어다. 하지만 객관적인 판단일 때는
very를, 나의 주관적인 판단이나 구어체에서는 so를 많이 쓴다.

My girlfriend is (very/so) pretty. (내 여자 친구는 매우 예쁘다.)

물론 둘 다 가능하지만 very는 객관적으로 누가 봐도 예쁜 거
고, so는 내 눈에 예쁜 것이다. 팝송에서 혹은 일반적으로 내 여
자 친구가 미스코리아도 아니고 내 눈에만 예쁜 것이니 양심적
으로 주로 so를 쓴다.

부사의 세 번째 선택은 위치

흔히 알고 있듯이 부사는 어디에 위치하느냐에 따라 그 의미
가 달라지기도 한다.

예를 들어, yet의 경우를 살펴보면,

I have yet to the movie.

I haven't seen the move yet.

첫 번째 문장은 yet(아직)이라는 의미로 아직 안 봤지만 곧 볼 것이라는 의미고, 두 번째는 그냥 안 봤다는 의미로 앞으로 볼 것인지는 알 수 없다.

I have only $20. (나는 20달러밖에 없다.)

Only I have $20. 〔오직 나만 20달러를 가지고 있다. (※다른 사람들은 20달러가 없다는 의미)〕

언제나 그렇듯이 하고 싶은 말이 참으로 많은 영어는 하다못해 위치만 바꾸어도 다른 의도를 보여준다.

재미있는 대명사 이야기

개인적으로 주요 8품사 가운데 대명사는 정말 공부할 것이 없는 파트라고 생각한다. 그냥 재미로 한 번 쭉 듣기만 해도 충분히 이해가 되는 품사이기 때문이다. 일단 영어의 가장 기본은 중복을 싫어한다는 것이다.

그래서 영어의 역사는 redundancy를 피하고 efficiency를 향해 발전해 왔다. 대명사의 정의는 '앞에 나왔던 명사를 두 번 쓰지 않기 위해서 존재한다'다. 즉, 앞에 나온 명사를 대신 받는 것이기 때문에 대명사를 적재적소에 잘 쓰기 위해서는 앞에 나온 명사를 항상 기억해두고 들어가야 한다.

그렇다면 중복을 피한다는 것은 어떤 개념일까?

Tom is one friend of my friends.

이 문장은 언뜻 보아도 어딘가 어감이 이상하다. 왜일까? 그 이유는 friend라는 단어가 한 문장 안에 두 번 사용되었기 때문이다. 영어는 중복 사용을 싫어하니 여기에서 friend를 한 번은 빼주어야 한다. 그래서 나오는 개념이 부분대명사와 소유대명사다.

Tom is one of my friends.(※부분대명사)
Tom is a friend of mine.(※소유대명사)

그렇다면 다른 문장으로 연습해보자. '그 회사는 한국에서 가장 수익성이 좋은 회사들 중 하나다'라는 표현을 하려면 어떻게 쓰면 좋을까?

The company is one company of the most profitable companies.
→ The company is one of the most profitable.

이번에는 소유대명사에 대해 이야기해보자 소유대명사는 사람과 사물을 분리하는 것이 핵심이다. 소유대명사의 개념은 많이들 알고 있지만 언제 써야 하는가에 대한 확신이 없기 때문에 우리가 쉽게 사용하는 기능어는 아니다.

His skill is better than (<u>me/mine</u>). (그의 기술이 나보다 낫다.)

    그의 기술은 사물이기 때문에 사람인 me는 비교 대상이 아니다. my skill과 비교되어야 하는데 skill을 두 번 쓰기 싫으니 이 경우에는 mine이라는 소유대명사를 사용해야 한다.

영어 네이티브도 틀리는
전치사

누가 그래? 넓은 장소 in, 좁은 장소 at이라고?

무조건 좁은 장소는 at, 넓은 장소는 in…. 이런 식으로 암기하니 진치시는 항상 헷갈리기만 한다. 넓은 장소에 in을 써야 한다면 in the drawer(서랍 안에)는 어떻게 설명할 것인가.

전치사는 달랑 하나의 뜻으로만 암기할 수가 없다. 모든 전치사는 장소, 시간, 방법 등 어떤 용도로 쓰이느냐에 따라 수십 가지의 의미나 뜻을 가지고 있기 때문이다. 그렇기 때문에 한 전치사가 여기저기서 다른 뜻으로 쓰인다고 짜증낼 것이 아니라 그 복잡한 이유를 이해하고 어느 용도로 가져다 쓸 것이냐를 먼저 정확히 해야 한다.

무조건 한 번에 외워서 끝내려고만 하지 말고 차분히 접근해 보자. 상상을 해보자. 하나의 공간이 있다. 이제 그 안을 들여다보자.

서울이라는 도시를 하나의 공간으로 보면 in Seoul지만, 서랍을 열어보면 그 안에도 작은 하나의 공간이 있다. 그 안에 펜이 하나 있다면, There is a pen in the drawer가 되는 것이다.

결국 크기가 작든 크든 밖에서 보았을 때 하나의 공간이 있고, 그 안에 존재하는 것들을 묘사할 때는 in을 쓰게 된다.

시간이라는 공간을 보자. in July를 보면 한 달을 기준으로 7월 1일부터 말일까지 한 달이라는 시간의 공간이 있다. 이 기간을 하나의 공간이라고 했을 때, 이 기간 안에 벌어지는 일들에는 'in 기간'을 쓰는 것이다.

무엇인가에 둘러싸여 있거나 에워싸여 있으면 그 안에는 하나의 공간이 생긴다. 그 공간은 장소일 수도 있고, 일정한 기간이거나 주변 배경, 나의 전반적인 상태, 내가 입은 옷, 내가 소속된 회사 등이 될 수 있다. 영화 제목 하나도 그냥 넘어가지 말자. 〈Men In Black〉처럼 말이다. 사실, 이 '검은 옷을 입은 남자들'은 미국에서 외계인 음모설에 등장하는 미국 정보기관 직원들을 의미한다.

at은 특정한 장소, 특정한 시각을 딱 집어서 나타낸다.
in은 어느 구역 안의 장소, 시간의 지속성을 보여준다.
on은 장소, 시간의 경계선과 접점의 개념이다.

이제 배웠으니 실제로 활용해보자. 아래 __에 들어갈 말은?

- 이 제품 검은색 있어요?
→ Do you have this model ____ black.
- 봄에는 꽃이 핀다. → Flowers bloom ____ spring.
- 나는 사랑에 빠져 있다. → I am ____ love.
- 수표가 그 봉투 안에 있다. → A check is ____ the envelope.

at은 '좁은'의 개념이 아니라 특정 지점, 특정 시각의 개념!

하나의 전치사를 정리하고 나면 그 관련 전치사를 연관 지어 정리해야 실제 쓰임에서 헷갈리지 않을 수 있다. 이제는 'at'으로 넘어가보자. at의 경우는 공간의 개념이 아닌, 특정 지점이 되는 장소, 특정한 시각에서 특정 행위가 발생할 때 쓰인다. 즉, 전체 공간이나 전체 시간 중에 특정한 한 순간에 한 점을 찍는다는 개념이다.

특정 장소란 예를 들어, 지도를 펴놓고 손가락으로 한 곳을 가리킨다는 의미로 이해하면 쉽다. 그 외에도 특정 나이, 특정 시각 등에 주로 쓰인다. 또한 in이 전반적인 상태를 보여주는데 비해 at은 최고나 최악의 감정의 정점을 찍는 순간에서 쓰인다. 그 외에도 특정 주소, 특정 전화번호 등을 콕 집어 언급할 때 쓰인다.

그는 3시에 출발했다. → He left ____ 3 o'clock.

나는 30살에 결혼했다. → I got married ____ 30.

333-33333으로 전화하세요. → Call me ____ 333-3333.

그 길모퉁이에서 → ____ the corner of the street.

나는 그를 서울에 있는 (전체 공간) 그 호텔에서 (특정 지점)에
만났다. → I met him _____ the hotel _____ seoul.

in, at

1) 하나의 공간이 있고, 그 안에 존재하는 것을 묘사하면, in
※ 이때 공간의 개념은 시간, 장소, 소속, 외관 등

2) 특정 장소, 특정한 시간을 딱 짚어서 나타내면, at

하나의 전치사는 사전을 찾으면 왜 뜻이 열댓 개씩 있을까?

하나의 전치사는 하나의 용도가 아니라 거의 모든 용도에서
쓰인다고 했다. 그렇기 때문에 하나의 전치사는 그 개념을 전체적
으로 이해한 후, 아래 전치사의 각 용도들에 따라 응용하면 된다.

쉽게 말해서 하나의 전치사에는 아래 표의 쓰임들이 하나씩 쓰

인다고 생각하면 된다.

다음의 표가 일반적인 전치사 용도다. 각각의 전치사들은 다
음의 용도들을 기준으로 다양한 뜻과 쓰임들을 가지고 있다.

〈전치사의 선택적 제약- 분류 기준〉

동작	상태	일정 기간	장소	목적	조건	상황	속도	순서
이동	지속	특정 시간	특정 점	교환	자격	감정	변화	근거
완료	외관	도구·수단	공간	용도	소유	결립	범위	변화
정도·차이	=정도	방법	덮은 면	과정	이유	근거	수·양	추가

앞에서 살펴본 in을 위의 표에 대입해 보자.

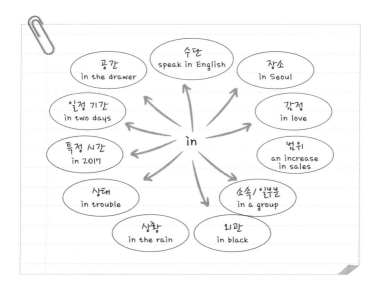

284

많이 본 것과 아는 것은
다르다!

in이나 at처럼 기본 전치사들을 우리는 알고 있다고 생각하지만 막상 쓰지는 못한다. 하지만 앞의 표에 따라 한번 정리를 하고 나면 실제 상황에서 자신 있게 쓸 수 있을 것이다.

이번에는 앞의 표를 이용해 by를 정리해보자. by 또한 어떤 용도와 기준으로 쓰느냐에 따라 완전히 다른 뜻이 된다. 우리가 쉽다고 생각하는 전치사일수록 그 쓰임이 많기 때문에 선별하여 실제 사용할 것들만을 위주로 정리하고 이해해야 한다.

by 장소 : ~~옆에 라는 의미다. by the door(문 옆에)

by 시간 : ~까지라는 완료의 의미다. by 7th(7일까지)

by 수단, 방법 : ~을 이용하거나 행위를 나타낸다.

by car(자동차로)

by 사람 : 행위의 주체다.

It was broken by the boy.(그 소년이 깼다.)

by 정도 : ~만큼의 차이를 보여준다. by 10%(10%만큼)

by 상황 : 의도치 않게 발생한 이유를 보여준다.

by chance(우연히), by mistake(실수로)

by 단위 : 시간이나 기간 단위로 쓰인다.

be paid by the hour(시간 단위로 임금을 받다.)

by 근거 : By law, you are responsible for this accident.(법에 의하

면, 당신에게 사고의 책임이 있다.)

by 접한 면 : I grabbed her by the shoulder.(나는 그녀의 어깨를 잡

았다.)

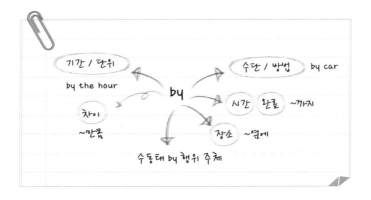

이전의 표를 가져와서 by를 대입시켜보면 다음과 같다.

동작	상태	일정 기간	장소	목적	조건	상황	속도	순서	위치
이동	지속	특정 시간	특정 점	교환	자격	감정	변화	근거	방향
완료	외관	도구·수단	공간	용도	소유	결핍	범위	변화	거리
정도·차이	단위	방법	닿은 면	과정	이유	근거	수·양	추가	동반

이렇게 하나의 전치사를 매번 다양한 문장에서 다른 용도로 쓴다는 것은 일관성이 없어 보이고 혼란스러울 것이다. 하지만 간단하게 생각해보자. '나'는 누구인가? 누군가의 딸이고, 누군가의 친구이고 후배이고 선배이고 어느 회사의 직원이며 어느 가게의 손님이다. 그런 나의 정체성을 한마디로 정의할 수 없듯이 전치사도 누구와의 관계, 즉 무엇을 기준으로 하느냐에 따라 뜻이 달라지는 것이다.

이렇게 나의 모습이 역할에 따라 달라지듯이 전치사도 장소, 방법, 시간 등 어떤 것과 쓰느냐에 따라 완전히 뜻이 달라지기도 한다.

흔히 전치사나 부사는 귀에 걸면 귀걸이 목에 걸면 목걸이라는 식으로 알고 있다. 맞는 얘기다. 카멜레온같이 상황에 따라 색을 바꾸는 아이라고 생각하면 된다. 물론 그만큼 까다롭기도 하다.

"전치사는 반드시 하나의 묶음으로 묶어서 정리한다."

"정리와 분류의 기준은 세세할수록 좋다."

실제 일상에서 자주 쓰이는 전치사는 50여 개 정도뿐이다. 위의 방식으로 정리하는 것이 좋은 방법이지만 굳이 표를 달달 암기할 필요는 없다. 단지 전치사에는 이런 분류들이 있고 이 중에 어떤 기능들을 써야 하는지를 인식만 하고 있어도 충분하다.

무조건 많이 말고, 당장 필요한 것들만 정리하자!

일이든 공부든 완벽하려고 하면 끝이 없다. 모든 것에 있어서는 완벽함보다는 당장 쓸 수 있는 실용성이 더 중요하다. 우리가 모든 전치사를 다 알고 있을 필요도 없고 평생 그 많은 단어들을 다 써볼 일도 없다. 그러니 일상에서 필요한 것들만 추려서 정리해보자.

예를 들어, 사전에서 '~까지'라는 전치사를 찾으면 until, by가 있다. 물론 우리말에서 이들의 뜻은 모두 같다. 그러나 '~까지'라는 영어단어가 이렇게 여럿 있다는 것은 언제 어떤 것을 쓰는지에

동작	상태	일정 기간	장소	목적	조건	상황	속도	순서	위치
이동	지속	특정 시간	특정 점	교환	자격	감정	변화	근거	방향
1회 완료	외관	도구·수단	공간	용도	소유	결핍	범위	변화	거리
정도·차이	단위	방법	닮은 면	과정	이유	근거	수·양	추가	동반

대한 분류 기준들이 있다는 것이다. 이들을 분류해서 쓰려면 전치사 기준표를 응용해서 정리해야 한다.

처음에는 이런 분류 기준들을 바로 적용하기가 어려울 것이다. 우리말에는 이렇게 세분화된 기준들이 없기 때문이기도 하지만, 제2외국어를 배운다는 것 자체가 평소에는 자연스럽게 쓰던 부분들을 굳이 특정 규칙에 따라 따로 배워야 한다는 번거로움을 동반하기 때문이다. 이런 기준들의 사용 능력은 개개인의 논리력이나 응용력에 따라 달라진다.

이제 다시 '~까지'라는 전치사로 돌아가보자.

| 동작 완료 | by | 기준 - 특정 시간 |
| 상태 지속 | until | 기준 - 특정 시간 |

먼저 우리가 궁금해해야 하는 것은 come back은 동작동사일까, 상태동사일까 하는 문제다. 가끔 수업시간에 나는 학생들에게 "너는 왜 궁금한 것이 없느냐? 무엇을 궁금해해야 하는지조차 모른다"라며 구박한다. 그렇지만 모국어로는 평소 자연스럽게 쓰는 것을 굳이 궁금해하지 않는 것도 당연하다.

영어를 무조건 번역만 해대는 우리에게는 come back이 돌아오다라는 뜻이라는 것이 중요하지 '동작과 상태'는 전혀 궁금하지 않다. 이제 앞의 표를 적용해보자.

앞의 표에서 기준은 무엇이고 특정 시간은 무엇인가. 간단한 예를 들어 살펴보는 것이 가장 이해가 빠를 것이다.

2 o'clock(기준) - 2 hours(기간).

Come back by 2 hours (x)

Come back by 2 o'clock (1회 동작 발생 동사 + 특정 시간)

Stay here until 2 o'clock (상태 지속 동사 + 특정 시간)

영어는 항상 묶음으로!

해리 포터의 방은 down the stairs에 있을까? under the stairs에 있을까? up과 down은 이동 방향을 나타낸다. 어떤 표면 위, 아래를 이동하는 것이다.

go down the street 거리를 밟고 쭉 따라 내려가라는 의미다. go down the stairs는 계단을 밟고 내려가라는 의미다. 그런데 해리 포터의 방은 층계 아래 공간에 존재한다. 아래로 내려가거나 올라가는 동작이나 이동의 개념이 아니라 어느 장소 '~밑에/아래/지하'의 개념이 된다. 이때에는 under the stairs 혹은 beneath the stairs

라고 해야 한다.

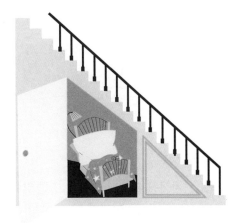

가방을 책상 아래 두라고 할 때에도 under the desk라고 한다. 그림에서 보다시피 above와 below는 위아래 수직으로 움직이는 개념이다. 가방을 수직으로 아래가 아니라, 책상 주변 아래 어딘가에 놓으라는 의미이니 under를 쓰는 것이다.

beneath는 어떤 표면 바로 아래 묻혀 있거나, 가라앉아 있는 것을 의미한다.

Treasure is buried beneath the market street. (보물이 마켓스트리트 밑에 묻혀 있다.)

특히 장소의 전치사들은 앞의 그림으로 이해하는 것이 효과

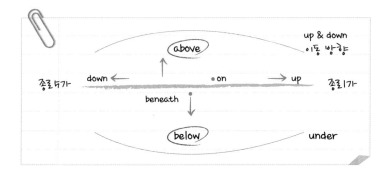

적이다. 앞의 장소전치사를 분류한 기준들 또한 앞에서 언급했던
표에 근거한다는 것도 알아두자.

동작	상태	일정 기간	장소	목적	조건	상황	속도	순서	위치
이동	지속	특정 시간	특정 점	교환	자격	감정	변화	근거	방향
1회 완료	외관	도구·수단	공간	용도	소유	결핍	범위	변화	거리
정도·차이	단위	방법	닿은 면	과정	이유	근거	수·양	추가	동반

강의 첫날 멘트

모두가 진지한 마음으로 공부모드를 탑재한 채 정숙히 앉아 있는 매달 개강 첫날 난 학생들에게 이렇게 말한다.

"그렇게 강의실에서만 진지한 척하고 앉아 있지 마라. 가증스럽다. 너희 부모님은 여러분들이 이렇게 고개 묻고 책상에 앉아 있으면 공부하는 줄 알지. 나는 아닌 거 아니까, 문제집 그만 보고 이제 고개 들어."

그러면 한 반 200명의 학생들이 동시에 고개를 쫙 들어 올리면서 '그러면 나는 뭘 하라는 거냐?'라는 얼굴로 나를 쳐다본다. 그러면 나는 또 이렇게 말한다.

"고개 내려, 그리고 문제 풀지 말고 보기 ABCD만 봐. 처음 보는 단어가 3개 이상인 사람 손들어봐. 문제 풀지 마! 그렇게 열심히 공부하고 싶은 거 여태까지 왜 공부 안 했어? 모르는 단어가 있는지 훑어봐."

토익시험에 나오는 단어들은 모두 어디서 많이 본 단어들이다. 토익에서 출제되는 단어는 1,200개에 불과하기 때문이다. 그런데 이상하게도 어디서 많이 본 단어들인데 답만 안 나온다.

"보기에 모르는 단어가 3개 이상인 사람 손들어봐."

그러면 몇 명이 손을 든다. 나는 그 학생들에게 다른 기초반으로 반 변경할 것을 권유한다. 토익 700점 이하의 학생들은 친절하게 단어의 뜻을 하나씩 불러주는 수업을 듣고 오는 것이 좋다. 손 붙잡고 단어 뜻을 알려주는 수업, 포털사이트처럼 친절하게 단어의 뜻을 알려주는 수업 말이다. 왜냐하면 요즘 학생들은 스스로 무엇인가를 찾고 고민하고 해결하려는 의지가 부족하기 때문에 같이 손잡고 아장아장 단어를 같이 외워주는 강의도 반드시 필요하다.

요즘은 생각을 포털사이트가 대신해준다더니, 선생님이 단어도 대신 찾아주고, 암기도 손잡고 같이 해주고, 생각도 대신해주는 그런 수업을 원하는 학생들도 많다. 스스로 단어 뜻 하나 찾는 것도 귀찮고 번거롭고 시간이 아깝단다. 그 아까운 시간에 공부 안 하고 뭐 하느라 바쁜지는 모르겠지만, 어쨌든 선생님이 아니라 보모를 원하는 거다. 아니면 피터팬신드롬 같은 것일지도 모른다. 분명히 성인 영어학원인데 어린 시절로 돌아가고 싶은지 단어 숙제를 내주고, 참 잘했어요, 도장 받고 쪽지시험 보고, 틀리면 손바닥 맞는 걸 좋아하는 학생들도 있다.

얼마 전에는 토익기숙사에 관한 학원 기사가 나오고, 취업 면접 준비도 학원에 다니면서 한다는 기사가 뜨더니, 어제는 대학생들 전공과목도 학원에서 따로 수업을 듣는다는 기사가 실리기도 했다. 이제는 요람에서 무덤까지 평생 학원을 다녀야 할 판이다.

어쨌든 다시 수업시간 얘기로 돌아가서, 나는 첫날 강의에서 우선은 문제를 풀지 못하게 한다.

'자, 이제부터 문제지에 동그라미 치기 그만하고 나는 왜 900점 이상이 안 나오는가? 나는 왜 영어를 못하는가? 모르는 단어가 없는데….'

이 물음에 대해서 고민해보자.

"그리고 앞으로 수업시간에 내가 보는 앞에서 단어 뜻을 적지 마라! 인터넷에 검색해서 알 만한 단어는 나한테 물어보지 마라!"

이것이 내가 첫 수업에서 학생들에게 해주는 말이다. 이렇게 말하는 이유는 단어 뜻이나 한국어 해석이나 적으라고 내가 수업을 하는 것은 아니기 때문이다. 그 다음 멘트는,

"영어의 기본단어가 한국어야? 품사야?"

그러면 학생들은 모두 입을 모아 이렇게 대답한다.

"품사요!"

그러면 나는 또 이렇게 받아친다.

"그런데 왜 너희 영어 기본은 한국어야? 왜 한국어로 번역해 놓은 걸 보면서 이해했다고 좋다며 고개를 끄덕여?"

그동안 수능 스타일에 절어 있는 학생들은 끊임없이 수능공부를 하는 방식으로 토익공부를 해 왔다. 모든 영어문제들을 한국어로 번역해서 풀고 있다는 이야기다. 수능영어는 한국어로 해석해서 풀었겠지만 미국에서 매달 넘어오는 토익문제는 한국어로 해석한다고 답이 나오지 않는다.

우리나라 사람들에게 영어란 곧 '번역'일 정도로 학생들은 그저 우직하게 번역만 하고 있다. 이건 성실한 건지 미련한 건지, 한국어공부를 하는 건지 영어공부를 하는 건지, 단순노동을 하는 건지 공부를 하는 건지 알 수가 없다.

공무원, 수능, 편입, 대학원 시험에서 출제되는 영어는 한국에서 제작되는 문제이기 때문에 한국인끼리의 정서가 통한다.

즉, 영어를 해석해서 한국말로 바꾸면 답이 나온다. 문제를 낸 사람이나 푸는 사람이나 정서가 같으니까. 하지만 이런 식으로 한국인끼리만 정서가 통하는 수능영어는 외국인이 봤을 때는 이상한 영어로 보인다.

수능이 끝나면 영국인이나 미국인들이 수능문제를 SNS에 올려놓고 미국인도 못 푸는 영어문제라며 황당해하는 기사들을 많이 볼 수 있다. 그러니 한국에서 제작되지 않는 토익, 토플, GMAT, GRE, IELTS, 현지 회화 등은 한국어로 해석해서 접근할 수 없다는 것을 먼저 인식하는 것이 중요하다.

우리나라 학생들은 대부분 영어를 못하는 것이 아니다. 단지 '눈치'가 없는 것이다. 끝까지 성실하게 우리말로 번역을 해가며 이것도 말이 되고 저것도 말이 된다며 고민하고 있는 학생들을 보면 '넌 공부 그만해라'라는 독설이 절로 나온다.

이런 독설을 하지 않기 위해 첫 강의 시간에는 무조건 영어를 위한 눈치를 만들어주는 '영어를 4단계로 생각하는 훈련'을 시작한다.

1. 8개 품사로 사고하기

'just'가 뭐지라고 물어봤을 때 '단지'라고 대답하지 마라. '부사'라는 품사라고 해야 한다. 내 몸 안의 피가 품사로 돈다는 느낌이 들 때까지 영어 체질을 만들려고 노력해라.

2. 8품사에 대한 관련 변수 (분류코드) 생각하기

명사 : 사람 vs 사물, 가산 vs 불가산

동사 : 동작 vs 상태, 자동사 vs 타동사

부사 : 형용사 수식 vs 동사 수식

이런 식으로 품사마다 같이 떠올려야 하는 변수들을 훈련시 킨다.

3. 품사별 알고리즘 단계 거치기

very는 형용사/부사만 수식한다. 동사는 수식하지 못한다. well은 동사를 수식하며 형용사를 수식하지 못한다.

주어와 목적어가 같으면 재귀대명사 I made myself famous. 주 어와 목적어가 다르면 목적격대명사 It made me famous 등등. 이 런 영어의 패턴을 문장 안에서 응용하는 능력을 묻는 것이 시험 영어의 태생적 한계다.

4. 어휘, 누구와 언제 쓰임 선택하기

여기서 어휘란 단어의 뜻이 아니다. 어휘는 언제, 누구와 쓰 이는지 그 쓰임새가 중요한 것이다. 이렇게 쓰임새를 알아야 하 는 단어는 1,200개다.

내 토익수업은 위와 같은 방법으로 20일간 영어식 사고의 훈 련을 받는다. 품사의 변수들과 대략 80여 개의 문장 패턴들 그리 고 1,200개의 어휘를 선택하는 기준들을 훈련한다. 하지만 학생 들은 이것들을 동시에 빠르게 처리하는 것이 익숙하지 않다. 그 래서 매번 문장의 요소든 정확한 어휘의 선택이든 무엇인가를 놓 친다. 20일 동안의 훈련은 한 문장에서 주어지는 변수(분류코드)

를 모두 찾고 동시에 볼 수 있는 방법을 연습하는 것이다.

이것이 시험영어 강의다. 어떻게 보면 영어강사는 영어를 강의하는 것이 아니라 영어문제를 어떻게 풀이할 수 있는지 영어식 사고의 순서와 생각의 방법을 가르치는 사람이라고 볼 수 있다.

그럼 여기에서 이런 강의법이 왜 나왔을까? 일반적으로 배우는 영어단어 뜻이나 해석해주는 것이 아닌데 어떻게 수업을 듣고 나면 토익점수가 올라가는 것인가?

수능식 영어가 아닌 이러한 영어 강의에 절대 익숙해지지 않는 사람들도 물론 있다. 내 강의의 핵심은 '영어식 사고를 위한 변수와 분류코드 그리고 콘텐츠(1,200개의 단어)의 사용 기준을 세워서 쓰임에 맞는 기억의 방에 넣어주는 것'이다.

내가 강의실에서 만난 수십만 명의 학생들을 보며 느낀 한 가지는 '우리는 영어를 못하는 것이 아니라 눈치가 없는 것이 분명하다'라는 것이다. 뜻도 알고 해석도 되는데 영어로 말하거나 사고하는 것은 절대 되지 않는다. 영어를 한 단어씩 고지식하게 한국어로 필터링을 해야만 이해가 되는 것이다. 한국어를 거치지 않고 단순하더라도 영어로 사고하거나 말하기 위한 프로세스, 그 영어식 사고를 나는 영어의 눈치라고 말한다. 그런데 그 눈치라는 것을 어떻게 만들어줄 것인가? 이것을 훈련(트레이닝)시켜주는 것이 내 강의의 핵심이다.

내가 전달할 수 있는 '재능'이라는 것이 바로 이러한 영어의 '눈치'를 훈련시켜주는 것이다. 대부분의 사람들에게는 '영어식 사고'가 쉽게 보이지 않기 때문에 이를 보는 눈을 만들어주는 것이 영어 강의지, 단어를 손잡고 외워주고 영어를 한국어로 해석해주는 것이 영어 강의는 아니다.

나는 강의 시간에 항상 단어 뜻이나 해석을 적지 말고 '생각의 순서'를 적으라고 한다. 이러한 생각의 순서들은 학생들 사이에서는 공식이라고 포장되어 불린다. 하지만 스스로 생각하는 순서나 문장 조합의 법칙들이 훈련되지 않은 사람들에게는 이런 공식조차도 도움이 되지 않는다.

영어식 사고 혹은 영어의 눈치란 나처럼 영어를 오랫동안 접한 사람들에게는 감각적으로 생기게 되지만, 영어를 접할 기회가 없거나 공부를 해도 늘지 않는 사람들은 따로 트레이닝을 받아야 한다.

10년을 한결같이 반복되는
똑같은 질문

오늘도 한 학생이 all에 대해 질문을 했다.

"All of the mail (is /are) on your desk에서 답이 왜 is인가요?"
"all은 복수의 개념이니 are가 답이 아닌가요?"

뭐, 항상 똑같은 질문이 매달 반복되고 나도 학생이 왜 이런 질문을 하는지, 그 학생이 현재 어디까지 알고 모르는지를 정확히 알고 있다. 일반적으로 우리는 'all'은 '모든'이니까 복수라고 생각한다. 우리말에 '모든'이라는 개념은 말 그대로 '모든 것들을 다 합친 것'이다. 즉, 모든 것을 다 합쳤으니 '많은 것은 곧 복수'라고 이해하는 것이다.

하지만 영어에서는 all의 뜻만이 중요한 것이 아니다. all의 사용을 위해서는 분류코드가 한 단계 더 필요하다. all 뒤에 셀 수 없는 불가산명사가 왔으니 모든 것이라고 해도 셀 수 없는 단수의 개념이 와야 하는데 우리말에는 가산/불가산의 개념이 거의 없기 때문에 그 뒤에 오는 동사 is와 are가 분류되지 않는 것이다.

all은 형용사다. 모든 형용사는 항상 카테고리를 나눠 수형용사로 구분해야 한다. 그리고 수형용사는 뒤에 가산 복수가 오는지, 불가산 복수가 오는지 따져야 한다. 이처럼 영어에서는 조합의 명령어(변수)를 몇 단계로 놓느냐에 따라 문장이 세심해지고 정교해지는 것이다.

여기서 학생들은 한 번에 한 가지 변수만 생각하기 때문에 'all'은 모든, 즉 복수로 생각한다. 그러니 단어를 알려주고 해석을 해주는 것이 아니라 머릿속에 이러한 품사들의 변수(명령어)를 넣어주는 것이 강의의 본질이 되어야 한다.

학생들은 'all=모든'이렇게 단편적으로 생각하기 때문에 그냥 감으로 풀었다는 말을 하게 된다. 문장에 필요한 생각의 단계와 각 명령어들을 모르기 때문이다. 결국 가장 큰 문제는 단어를 모르는 것이 아니라 문장 안에서 단계별로 무엇을 생각해야 하는지를 모른다는 점이다.

영어공부에 있어서 첫 단계는 단어들이나 품사들의 배열을 위한 영어의 알고리즘을 만들어주는 것이 되어야 한다. 그래야 문장이 복잡해져도 스스로 문제를 쉽게 해결할 수 있는 능력(영어식 사고)이 생기게 되기 때문이다.

요즘은 너무나 많은 영어공부법과 사이트들이 있다. 하지만 내가 받아들일 준비가 되어 있지 않다면 그 많은 학습법들은 다들 그들만의 주장일 뿐이고 허상일 뿐이다. 그러니 내 안에 영어를 위한 사고 구조를 만들어놓고 자신에게 가장 맞는 공부법을 찾는 것이 순서다.

예쁜 형용사 알고리즘

아니, 관사 좀 빼먹으면 뭐 큰일 나는가?

'명사 편'에서 언급했듯이 장소와 관련된 명사들은 모두 가산명사다. 그게 뭐? 하지만 가산명사에서 관사를 빼먹으면 완전히 다른 의미가 된다. give book이나 give me a book이나 모두 책 달라는 것 아니냐고 하겠지만 상대는 무슨 책?이라고 반문해야 한다.

사실 관사를 쓰지 않는다고 상대가 아예 못 알아듣는 것은 아니다. 조금 모자라 보이는 정도다. 아니면 난 원래 영어 못하는 사람이니 감안해서 들으라는 첫인상을 상대에게 심어주는 정도쯤 되겠다.

그렇다면 관사를 빼먹는 것은 어떤 느낌일까? 나 … 집 … 가요. 너 … 집 … 가요? 이 정도 느낌이라고 생각하면 된다. 상대 입장에서는 설사 당신이 정말 똑똑하고 유능한 사람이라고 알고 있다고 해도 존중하는 마음이 들지는 않을 것이다. 또한 상대의 말에서 관사를 이해하지 못하면 스무고개를 하게 된다.

I am going to give it to someone.
[나는 그것을 그 사람에게(특정한 사람) 줄 거야.]
I am going to give it to anyone.
[나는 그것을 아무에게나(불특정한 사람) 줄 거야.]

이 중에 언제 '그럼 나 줘'라고 말해야 할까? someone은 이미 정해진 특정한 사람, 즉 그 사람에게 줄 거라는 뜻이고, anyone은 불특정이기 때문에 아무에게나 주겠다는 의미다. 그런데 아무 때나 나에게 주라고 말하면 푼수 캐릭터가 된다.

삼성전자의 Anycall은 왜 하필 any일까? some이 낫지 않을까? 흔히 any는 부정문과 의문문에 주로 사용되고 some은 주로 긍정문에서 사용된다고 알고 있지만 실제 생활에서 any와 some을 정확히 사용하는 것은 쉽지 않다. any는 미래, 불특정, 막연한 표현 등에 주로 쓰이고 some은 현재 위주의 특정, 일부에서 쓰인다.

즉, anyone이라고 하면 누구나, 아무나이기 때문에 아무도 없을 수도 있고 혹은 모든 사람을 의미하기도 하지만 someone이라고 하면 특정한 1인을 지칭한다. 휴대전화는 소수 몇 명이 아니라 앞으로 불특정 다수가 사용해야 하는 것이니 Anycall이 된 것이다.

Anyone can join this club.
(누구나 – 아무나 이 클럽에 가입할 수 있다.)
Someone is ringing the bell. (누군가 벨을 누르고 있다.)

anyone은 '아무나'라는 뜻이지만 someone은 아무나가 아니라, 누군지는 모르지만 어떤 특정 사람을 말하는 것이다. 밖에 '누군가' 찾아왔다고 말하지, '아무나' 찾아왔다고 말하지 않는 것과 같다. 같은 뉘앙스로 anything은 '아무거나'라는 뜻이고 something은 '그 무엇'이라는 뜻이 된다.

I want to eat something spicy. (매운 걸로 먹고 싶어.)

즉, some은 any보다 조금 더 구체적이라고 말할 수 있다. 보험 영업 사원이 This insurance covers any accidents라고 말하면 이 보험은 어떤(모든) 사고라도 cover가 된다는 의미고, This insurance covers some accidents라고 말을 하면 이 보험은 특정 어떤 사고만 cover하게 된다는 뜻이다.

형용사 알고리즘(종류와 순서)

형용사가 명사 앞이나 be동사 뒤에서 쓰인다는 것은 누구나 알고 있다. 하지만 어떤 기준을 가지고 몇 개까지 사용할 수 있는 가를 명확하게 하지 않으면 한 번에 하나의 형용사씩만 써야 하는 불편함이 있다. 예를 들어, 거기에는 동그랗고 커다랗고 나무로 만든 예쁜 빨간 테이블이 있다면 There is a beautiful large round red wooden table이 된다.

우리는 large small tables가 틀렸다는 것을 안다. 그런데 large round tables는 맞다. 도대체 뭐가 기준일까? 먼저 형용사를 암기해서 저장할 공간들과 순서들을 만들어주자. 그리고 한 분류에서는 하나씩만 선택할 수 있다는 것을 명심하자.

다음 내용은 많이들 보는 《Grammar In Use》에 있는 내용이다. 영어가 공식으로, 체계로 존재한다는 것을 매우 잘 보여준다.

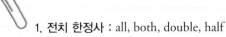

1. 전치 한정사 : all, both, double, half

2. 한정사 : a, an, the, my, your, four, those, some

3, 상태 : beautiful, useful, lovely, comfortable

4. 크기 : big, small, tall, huge, tiny

5. 모양, 무게, 길이 : round, square, skinny, fat,
heavy, straight, long, short

6. 상태 : broken, cold, hot, wet, hungry, rich, easy,
difficult, dirty

7. 신구 : old, young, new, ancient, antique

8. 색깔 : red, black, blue, reddish, purple

9. 무늬 : striped, spotted, checked, flowery

10 기원 : Korean, American, British, Italian, Australian

11 재료 : gold, wooden, silk, paper, synthetic,
cotton, woollen

12. 목적, 용도, 분사 형용사 :

shopping(bag), wedding(dress)

출처 : 《Grammar In Use》

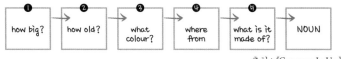

출처 : 《Grammar In Use》

- a **tall young** man(1→2)
- **big blue** eyes(1→3)
- a **small black plastic** bag(1→3→5)
- a **large wooden** table(1→5)
- an **old Russian** song(2→4)
- an **old white cotton** shirt(2→3→5)

뭐든지 항상 too much는 곤란하다. 액세서리를 주렁주렁 달고 있다고 무조건 예쁜 것은 아니듯이 말이다.

the (<u>recent/all</u>) bills

여기서 최근 지급금일까, 모든 지급금일까? 물론 우리말에서는 둘 다 가능하다. 하지만 위의 순서도를 보면 관사 앞에는 전치한정사인 all이 올 수가 없다. 일반 형용사인 recent가 답이 되는 것이다.

사람은 항상 고결하고 특별하다!

언제나 그렇듯이 그 단어를 사람과 함께 쓰는가, 사물과 함께 쓰는가를 먼저 결정해야 한다. 그러려면 항상 묶음으로 머릿속에 저장해두어야 한다.

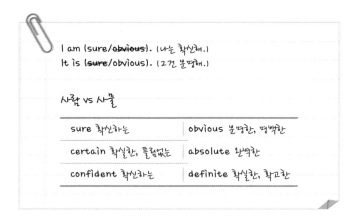

형용사의 위치, 당신이 알고 있는 단어 200% 활용하기!

　하나의 형용사는 위치에 따라 여러 가지 의미를 갖는다. 즉, 형용사를 위치나 같이 다니는 단어들과 같이 정리하면, 하나의 단어로 여러 단어를 외운 효과를 누릴 수 있다.

　the present members (현재 회원들 [명사 앞])
　the members present (참석한 회원들 [명사 뒤])

　a ready answer (즉흥적인 빠른 대답 [명사 앞])
　are you ready? (준비됐어? [동사 뒤])

┌─ a certain person (어떤 사람이 [명사 앞])
└─ I am certain about it. (나는 확실하다. [동사 뒤])

그럼 smoke free는 금연일까? 흡연일까? free가 어떤 단어 뒤에 붙으면 '~이 없는, ~으로부터 자유로운'이라는 뜻이 된다. duty-free shop에서 duty는 의무라는 뜻도 있지만 수입세라는 뜻도 있다. 그러니까 duty-free shop은 관세가 없는 가게, 즉 면세점이란 뜻이다. caffeine-free라고 하면 카페인이 없다는 뜻이다. sugar-free는 설탕이 들어 있지 않다는 뜻이고, gravity-free는 중력으로부터 자유, 그러니까 무중력이란 뜻이다. 그러면 smoke-free area는 어떤 뜻일까? 연기로부터 자유인 공간이므로 금연 구역이란 뜻이 된다.

'free'에 관한 몇 가지 예를 더 알아두자.

You are free. (너는 자유다.)

free admission (공짜 입장 [명사 앞])

sugar-free drinks (설탕이 없는)

duty free (관세가 없는 [명사 뒤])

마지막으로 다음의 문제를 풀어보자.

He is in _____ Microsoft office.

a) proficient

b) technical

둘 다 해석상 말이 되지만 technical은 주로 명사 앞에서 쓰이기 때문에 be동사 뒤에서 proficient가 답이 되어야 한다.

전체 vs 일부(all vs whole)

영어에서 형용사는 전체냐 일부냐 혹은 단수냐 복수냐에 매우 민감하다. 그리고 그 분류 기준이나 사용 방법도 우리가 상상하지 못하는 기준으로 나누어서 말한다.

예를 들어, 책 한 권을 전부 다 읽었다고 말을 한다면, 우리는 all, whole이나 entire 모두 맞는 표현이라고 생각한다. 하지만 all the pages = every page = the whole book으로 구분해서 써야 한다.

the (whole/entire) book (※전체를 하나로 관통하는 개념)

every page = all the pages (※구성단위를 하나씩 더한 전체 총합)

여기 있는 책들을 다 읽었어요, 라고 하면 책들을 모두 더하는 것이기 때문에 whole books가 아니라 all the books = every book 이 된다.

[the whole book]　　[all the books]

그렇다면 each와 every는 어떻게 다를까?

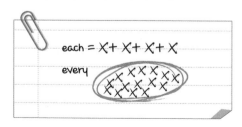

이 둘은 같은 의미로 사용되는 경우도 있고 그렇지 않은 경우도 있는데 어디에 초점이 맞추어져 있는가가 달라서 그렇다. each는 '각각'이란 분리의 개념이고, every는 all, 즉 '모두, 전체'란 개념이다.

I go to England each year.
= I go to England every year. (해마다, 매번)

하지만 이런 문장들에서는 두 단어가 같은 의미로 사용된다.

every two days에서 왜 every 뒤에 복수가 올까?

앞에서 말한 단수와 복수의 기준이 우리와 다른 것이 바로 이 부분이다. 흔히 every 뒤에는 복수가 온다고 한다. two days는 그들의 개념에서는 단수다. 왜냐하면 이때의 two days는 하루씩 분리가 되지 않는 하나의 단위로 여겨지기 때문이다. 즉, '이틀마다'라는 것은 '이틀'이 하나의 단위로 2일, 4일, 6일 … 이런 식으로 움직이기 때문이다.

이렇게 영어의 형용사는 단순히 그 뜻보다는 종류를 분류한 후에 어떤 기준과 용도로 사용하는가에 대한 이해를 먼저 하지 않으면, 그저 횡설수설하는 단어들의 나열이 될 뿐이다.

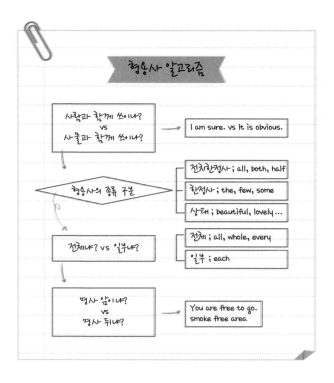

쓸 것만 골라서
공부하는 접속사

하나의 완전한 문장이 존재한다. 그리고 그 뒤에 명사를 하나 더 넣으려면 전치사라는 기능어가 있어야 한다.

I bought it + 장소명사(store) → I bought it at(전치사) the store.

그런데 하나의 문장 뒤에 또 다른 문장을 쓰고 싶다면 접속사가 필요하다. 이때 '문장'이란 단위는 동사를 기준으로 한다. 왜냐하면 주어가 없을 수 있는 이유는 많지만(명령문의 경우, please call me에서도 주어가 없다) 동사는 반드시 있어야 문장의 기준인 마침표를 찍을 수 있기 때문이다.

그렇기 때문에 다음과 같은 공식이 존재하게 된다.

① 전치사 + 명사 추가

② 접속사/관계대명사 + 동사 추가

③ 접속사/관계대명사 + 1 = 동사의 개수

접속사와 전치사는 묶음으로 존재

의미	접속사	전치사
〈양보〉 ~에도 불구하고, 비록 ~라도	although, while, though	despite, in spite of
〈이유·원인〉 ~때문에	because, since, as	because of, due to, owing to
〈예외〉 ~을 제외하고	except that	aside from, except (for), excluding, excepting
〈시간〉 ~동안에	while	for, during

주의해야 할 부사절 접속사와 전치사

누구나 아는 등위접속사 and/but

등위접속사란 대등한 의미들을 연결하는 접속사다. 이때 '대
등한'이라는 말은 분명히 한국어인데도 이해가 잘되지 않는다.
간단히 말하면 하고 싶은 말을 주저리주저리 늘어놓을 때 사용

한다는 것이다.

We went to the cafe and had coffee and some snacks.
(우리는 카페에 가서 커피와 스넥을 먹었다.)

등위접속사는 자신이 추가로 말하고 싶은 말을 '앞부분과 동일한 형태'로 계속 나열할 때 쓴다고 생각하면 가장 간단하게 정리할 수 있다. 그런데 영어는 같은 말을 반복하는 중복을 싫어하기 때문에 반복되는 부분은 한 번만 사용하고 나머지 '추가되는 내용'만 붙여서 쓴다.

'10일 아니면 10일 전까지 등록비를 내주세요'라는 표현을 하려면, All the tuition fees should be paid on the 10th or all the tuition fees should be paid before the 10th가 된다. 여기서 중복되는 부분을 제거하고 다시 표현해보자.

All the tuition fees should be paid on the 10th or all the tuition fees should be paid before the 10th.
→ All the tuition fees should be paid on or before the 10th.

수많은 접속사들을 한 번에 모두 알고자 하면 양이 너무 방대하다. 또한 하나의 접속사라고 해도 그 용도가 매우 많기 때문에 완벽하게 공부하겠다고 덤비면 지쳐서 떨어져나갈 수밖에 없다. 그러니 일단은 필요한 상황마다 쉽게 쓸 수 있는 몇 개의 접속사를 먼저 연습해야 한다.

그 후에 접속사의 쓰임이 편해지고 나면 좀 더 다양한 접속사를 습득하는 것이 좋다. 좀 더 쉽게 얘기하자면 당장 필요한 접속사 10여 개만 잘 써도 충분하다.

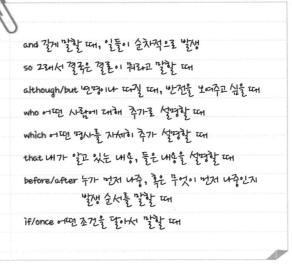

and 같게 말할 때, 일들이 순차적으로 발생
so 그래서 결국은 결론이 뭐라고 말할 때
although/but 변명이나 따질 때, 반전을 보여주고 싶을 때
who 어떤 사람에 대해 추가로 설명할 때
which 어떤 명사를 자세히 추가 설명할 때
that 내가 알고 있는 내용, 들은 내용을 설명할 때
before/after 누가 먼저 나중, 혹은 무엇이 먼저 나중인지
발생 순서를 말할 때
if/once 어떤 조건을 달아서 말할 때

The event was postponed, so we do not need to go there.

(행사가 연기가 되어서 우린 거기에 가지 않아도 된다.)

Although many employees are interested in the training program, none have yet enrolled. (많은 직원들이 그 교육 프로그램에 관심이 있지만 아직 아무도 등록을 하지는 않았다.)

몸통 앞뒤에 붙어서 각종 detail을 추가해주는 접속사

접속사는 하나의 주된 문장 앞뒤에 그 문장을 설명하는 추가적인(종속되는) 문장을 붙이는 역할을 한다. 접속사가 존재하는 문장이 종속절 그리고 접속사가 없는 문장이 주절이다.

우리는 본론을 먼저 말하는 습관이 있다. 하지만 영어는 능구렁이 같은 구석이 있어서 자신이 하고자 하는 말을 하기 전에 사설이 길다. 한 자락 깔고 시작한다는 것이다. 그래서 접속사로 시작하는 문장들이 많다. 늦었다는 말을 할 때도 늦었다는 것이 먼저 나오는 것이 아니라 'although 빨리 출발은 했지만~' 이런 식으로 자신에게 유리하게 문장 순서를 배열한다.

자주 쓰이는 접속사에는 다음과 같은 빈출 사용의 공식이 존재한다. 주의해야 하는 것은 이런 공식에는 '반드시'가 없다는 것이다. 주로 이렇게 사용한다는 빈출 패턴이 있을 뿐이다.

주요 문장 + [언제 · 어디서 · 이유 · 조건 · 배경 상황] 등의 추가 설명을 앞뒤로 붙인다.

when	주절과 동시 발생 / 일반적인 이유
if	어떤 상황을 가정
because	어떤 일에 대한 특정 이유
before/after	앞뒤 문장 안에 동작들의 순서
so/so that	결과 / 그래서 결과적으로 발생한 일
since	과거부터 지금까지 계속 발생하는 상황
although	기대치의 반대

●**언제** + please call me.

When you arrive here, please call me.

(이곳에 도착하면, 나한테 전화 줘요.)

●**조건** + please call me.

If you have any further questions, please call me.

(질문이 더 있으면, 나한테 전화 줘요.)

●**이유** + I called the customer service center.

Because I could not understand the manual, I called the customer service center.

(나는 그 메뉴얼을 이해할 수 없어서 고객서비스센터에 전화했다.)

● 동안 + 동작 발생

While he was staying here, he stopped by our office.

(그는 이곳에 머무는 동안, 우리 사무실에 들렀다.)

● 기대 이유 + 반대 결과

Although I left early, I arrived late.

(나는 일찍 출발했지만 늦게 도착했다.)

중요한 단어 뒤에 꼬리로 붙는 관계대명사

간단히 말해서 사람은 사람인데 어떤 사람인지 길게 설명할 때 붙는 것이 who다. 우리는 성격이 급해서 중요한 것을 자꾸 앞에서 한 번에 다 말하려고 한다. 인구가 넘치도록 많은 나라에서 살길을 찾아야 하다 보니 성격도 급해진다.

내가 빨리 말을 하지 않으면 누군가 내 말을 가로채서 말한다. 내 얘기가 조금만 길어져도 상대방이 내 얘기에 관심이 없어질까 봐 걱정한다. 항상 말할 사람들은 넘쳐나고 다들 자기 말만 해댄다.

그래서 빨리 말하고 줄여 말하고 자극적으로 말한다. 마음이 급한 것이 언어에서 느껴진다. 하지만 영어는 상대적으로 길게 호흡을 끌고 간다. 그만큼 우리보다는 덜 각박하고, 여유가 있으니 상대의 말을 끝까지 듣는 것이 아닐까, 싶어 씁쓸하기도 하다.

성질이 급한 우리는 '《Beauty》라는 책을 쓴 작가에게 전화를 했다'처럼 말의 핵심인 누구에게 전화를 했는지 그 누구의 정체를 먼저 말한다.

I called the author who wrote the book 《Beauty》.

그런데 능구렁이 같은 영어는 중요한 정보는 뒤에서 천천히 언급한다. 그리고 이때 필요한 것이 관계대명사다. 명사 뒤에 which/that이라는 관계대명사를 쓰는 것은 누구나 알고 있다. 그런데 문제는 그걸 왜 쓰냐는 것이다. 왜 쓰는지가 잘 와닿지 않기 때문에 실상 관계대명사는 영어에서 아주 빈번하게 사용되고 있음에도 막상 우리가 쉽게 쓰게 되지 않는 품사다.

내가 책상을 하나 샀는데 이번 여름시즌을 위해 상당히 많이 할인된 책상을 샀다고 하자. 그러면 우리는 '여름 특별 할인이 많이 된 책상을 샀다'라고 말한다. 여름 특별 할인이 가장 중요한 정보이니 먼저 말한다.

그런데 영어에서는 항상 '누가 무엇을/누구를 ~했다'가 먼저 나오고, 그 나머지 중요하고 구체적인 설명들은 뒤에 배열한다.

I bought a desk which is heavily discounted for the summer season.

물론 좀 더 복잡한 문장도 많이 존재한다. 하지만 내가 쓸 수 있는 수준에서부터 시작해 중요한 뼈대 용법들을 먼저 세우고 그 위에 더 다양한 문장 스킬을 올려야 한다. 화려한 영어를 쓰고 싶다면 문장 조합과 배열의 법칙을 먼저 확실하게 정리해두어야 한다. 영어를 사칙연산과 같다고 말하는 것은 다음과 같기 때문이다.

명사 + that 관계대명사 + 주어 + 동사 + 목적어 (주격 관계대명사)
명사 + that 관계대명사 + 주어 + 동사 + 목적어 (목적격 관계대명사)
명사 + that 관계대명사 + 주어 + 수동태 + 목적어
명사 + that 관계대명사 + 동사

There is a house that _____ in 2,000.
builds/built /building /was built

Epilogue

지역색과 사투리는
세계 공통이다

내가 미국에서 근무하던 호텔은 덴버에서도 약 한 시간 이상 떨어진 외곽에 있었다. 미국과 캐나다를 가로지르는 거대한 록키 산 정상에 위치한 별 5개짜리 대형 호텔들을 보고 있으면 참 인간 이란 존재가 얼마나 무섭고 대단한지 제대로 느낄 수 있다.

어쨌든 이곳은 미국에서도 서부에 속하는 곳이다. LA, 즉 날씨가 따뜻하고 모두가 떠올리는 할리우드가 있고 야자수도 있는 풍요로운 곳, 그래서인지 사람들 성향도 약간 느끼하다 싶은 곳이다. 우리가 좋아하는 버터 발음에 약간 사기꾼들도 많은 편이다. 흔히 미국 사람들끼리도 LA에 가면 조심하라고 할 정도다.

반면 뉴욕, 워싱턴 등이 있는 동부는 우리가 드라마에서도 흔히 보듯이 바쁘고 날씨도 춥고 도시적인 색채가 더 짙은, 각박한 느낌을 준다. 그래서인지 발음도 영국식 느낌이 약간 섞여 있어 딱딱하고 빠른 편이다.

중부는 공장이 있을 것만 같고 인종차별도 심하고 가난하고 전통적인 느낌을 준다. 뭐 그 안에서 다른 느낌을 주는 주나 도시도 분명히 있다.

한번은 워싱턴의 한 회사가 간부워크숍을 우리 호텔에서 한 적이 있다. 그런데 우리 직원이나 웨이터들이 그 근처를 가려고 하지 않는 것이다. 하도 답답해서 왜 그러냐며 화를 냈더니 동부 사람들은 말을 싹수 없이 하고 매너가 없단다. 하긴 발음이 짧고 급하니까 땍땍거리는 것처럼 들리기도 한다.

우리나라는 지역감정 때문에 문제라고 자책하며 말하지만 꼭 우리만 그런 것은 아니다. 우리보다 땅덩어리가 큰 미국 내에서 지역감정은 더 심하기도 하다. 어디나 사람 사는 곳은 똑같은 것이다.

본론으로 돌아가서, 이렇게 지역 간에 특성도 다르고 발음도 다 다르다 보니 커뮤니케이션에도 문제가 발생한다. 특히, 전화 상으로 영어 대화를 하는 것은 얼굴을 마주하고 말하는 것보다 훨씬 의사소통에 어려움이 있다. 듣는 외국인이나 말하는 우리나 서로 답답하기는 매한가지다. 얼굴을 보고 얘기할 때는 입모양을 보거나 손짓 발짓 제스처라도 동원하면 되지만 전화로는 순전히 발음에만 의지해서 의사소통을 해야 하니 말이다.

이런 문제는 우리 비영어권만이 겪는 문제는 아니다. 영국인과 미국인의 발음이 다른 것은 누구나 아는 사실이고 위에서 말했듯이 미국 내에서도 지방마다 사투리dialect가 심해서 전화상으로는 서로 잘 이해하지 못한다. 따라서 전화 대화 중 잘 이해가 되지 않을 때는 항상 분명히 하기 위해서 철자를 물어본다. 그래서 영어로 이름을 말할 때 상대방은 꼭 이렇게 물어보게 된다.

A : What's your name?

B : My name is Becky.

A : How do you spell your name? (철자가 어떻게 되나요?)

B : B-e-c-k-y.

A : Sorry, but could you spell them, again?

(죄송합니다. 다시 한 번 말씀해주세요)

이때 계속 스펠링만 불러대면 당연히 알아들을 수가 없다. 우리의 발음이 유난히 나빠서 자꾸 물어보는 게 아니니 너무 기죽지 말고! 그런데 자꾸 b-e-c-k-y라고 되풀이해주면 알아들을 수 있을까? 과연 한 번에 이해되지 않았던 발음이 이렇게 발음을 떼어서 한다고 이해될까? 그럴 때는 이렇게 대답해주어야 한다.

"Becky, B for boy, E for elephant, C for Charlie, K for King, Y for Yield."

예전에는 스펠마다 부르는 특정 명사가 따로 있었으나 요즘은 자신이 편한 명사로 대답한다. 그러나 대답을 한다고 한 것이 오히려 더 헷갈리게 되면 곤란하다.

예를 들어, R for right! Right? Light? 모두가 인정하다시피 R과 L은 우리 발음의 최대 취약점이 아닌가? 따라서 아래의 보기를 이용해 가능하면 분명히 구별되는 단어들을 사용하도록 하자.

원래 이 대표 단어들은 그리스 알파벳을 의미하며, 군대에서 코드명으로 쓰이다가 나중에는 편한 단어들로 바꾸어서 일반적으로 쓰이게 되었다.

A for an Apple/Alpha	N for November
B for Boy/Banana	O for Orange
C for Charlie	P for Pineapple
D for Delta	Q for Queen
E for Elephant	R for Rabbit
F for Fox	S for Sun
G for Girl	T for Teacher
H for Honey	U for Union
I for Ice cream	V for Vinus
J for Jelly	W for Whisky
K for King	X for X-ray
L for Lion	Y for Yield
M for Mike	Z for Zebra

남의 이름
함부로 부르지 맙시다!

　내 이름이 Sue였던 이유는 대부분의 한국인 유학생들이 그렇듯이 한국 이름의 일부를 따서 불렀기 때문이다. 한국어 이름 중에 가장 영어로 발음하기 쉬운 부분을 살려서 영어 이름으로, 그러니까 유수연의 수, Sue.

　어린 마음에 영어 이름을 자랑스럽게 소개하고 다녔던 기억이 난다. My name ~ is ~ Sue! Call ~ me ~ Sue! 그러나 얼마 지나지 않아 Sue라는 이름이 Susan의 줄인 이름이고 Susan은 우리식으로 치면 춘자쯤 되는 정말 old fashioned name이라는 것을 알게 되었다. 어린 마음에 충격이 컸고 난 이름을 바꾸기로 결심했지만 마땅한 이름을 정할 수가 없었다. 지금이야 이름짓기 사이트들도 많이 있어서 이름을 만들기가 어렵지 않지만 당시에는 지금처럼 인터넷이 발달하지도 못했고 기껏해야 주변 사람들 이름을 참고할 뿐이었다.

당시 호주 친구 중에 정말 바비인형처럼 피부가 희고 예쁜 여학생이 있었다. 그 친구 이름이 Miriam이었다. 난 그 친구처럼 되고 싶은, 정말 순수한 마음에 이름을 Miriam이라고 지었다. 그러나 그 이름은 한 달도 쓰지 못했다.

왜냐? 주변 한국 친구들이 밀리엄, 밀리엄million이라고 부르는 통에 내 이름이 William도 아니고 Miriam도 아닌 숫자가 되어버렸기 때문이다. 내가 돈도 아니고.

'그래, 그렇게 예쁜 이름이 내게 어울리기나 해? 내 팔자에 턱도 없지.'

이렇게 생각하면서 눈물을 머금고 다시 바꾼 이름이 Becky, 뭐 느낌도 발랄하니 딱, 내 스타일이었다. 그런데 곧 알게 되었다. 이 이름은 얼마나 오래되었는지 성당에서 세례명으로 쓰이는 Rebecca라는 이름을 줄인 애칭이라는 걸. 그러나 너무 자주 이름 바꾸기에 지치고 민망해진 나는 지금까지 영어 이름을 Becky로 쓰고 있다.

이런 경험을 통해 내가 배운, 영어 이름을 정할 때 주의할 점!

첫째, 영어 이름에도 유행이 있다. 너무 할머니 같은 이름은 곤란하다.

둘째, 자신이 발음할 수 있는 이름을 선택해라.

참고로 내 친구 George는 내가 자신의 이름을 불러도 항상 자신을 부르는지 몰랐다. 내가 항상 '조지!'를 외쳤기 때문이다.

조지 → 조올쥐(o) / 밀리엄(x) → 미뤼암(o)

셋째, 이름마다 상징적인 의미가 있으니 이왕이면 자신의 이미지와 어울리는 이름이 기억하기도 좋다.

줄인 이름을 부를 때도 주의해야 한다. 나는 Rebecca보다 Becky라고 불리는 것을 더 좋아한다. 하지만 사람에 따라서는 줄인 이름으로 불리는 것을 불쾌해하는 사람들도 있다. 사실, 영어 이름에는 긴 이름들이 많기 때문에 줄여서 부르는 경우가 많이 있다.

그러나 영어권이 이름을 줄여서 부르는 이유는 단순히 이름이 길어서 짧게 부른다기보다는 애칭으로 부르기 위함이다. 짧은 이름이 더 친근감을 갖게 하고 서로 친한 사이라는 것을 보여줄 수 있다. 그러나 별로 친하지 않거나 일 관계로 알게 된 사람이 처음부터 나를 애칭으로 부르는 것은 무례하게 느껴질 수 있다.

우리가 흔히 알고 있는 표현, What shall I call you?라든지 Please call me, Becky라는 대화를 주고받는 것은 처음부터 함부로 애칭이나 줄인 이름으로 상대방을 부르는 것이 예의에 어긋날 수 있기 때문이다. 또한 잘 알지도 못하면서 임의로 이름을 줄여서 부르는 것도 실례다.

　이름을 줄여서 부르는 방법에는 여러 가지가 있기 때문에 남의 이름을 마음대로 바꾸어 부르면 실수를 할 수 있다. 예를 들어, Katherine 같은 경우, 내 마음대로 Kathy라고 하면 되겠지 하고 이름을 줄여 부르면 안 된다는 얘기다. Katherine의 경우에는 Kathy 혹은 Katie 아니면, Kate 등 다양한 애칭이 있기 때문이다. 그럼 어떤 이름을 부르느냐? 그건 어렸을 때부터 이름을 지어주신 부모님이 어떻게 불렀느냐에 따라서 사람마다 다르다. 그래서 상대방의 줄인 이름은 상대방이 가르쳐준 이름으로 부르는 것이 예의다.

토익의 현지화의
딜레마와 태생적 한계

　직업이 토익강사니 아무래도 마지막으로 토익에 관한 얘기를 안 할 수가 없다. 토익이라는 시험은 미국의 ETS가 주관사다. 60년 역사를 가진 ETS라는 회사는 180개국에서 45종에 달하는, 주니어 영어부터 대학입시, 다양한 취업 분야의 영어 시험을 진행하는데, 그 시험들 중에는 우리가 흔히 알고 있는 TOEFL·GMAT·GRE·SAT 등이 있다.

　ETS 주관 시험을 준비하기 이전에 우리는 먼저 ETS의 시험이 국내 시험과 어떻게 다른지를 이해해야 한다. 우선적으로 ETS는 문제은행이라는 방식을 쓴다. 간단히 이해하자면, 과거에 출제했던 기출 족보에서 문제를 약간 수정, 가공해 반복적으로 출제하는 것이다. 새로운 문제는 거의 출제되지 않는다.

즉, 정해진 범위 안에서만 기계적으로 공부해도 원하는 점수를 받을 수 있는 구조다. 그러니 ETS는 그들의 기출문제의 보안 유지에 목숨을 걸고 매달린다. 우리는 간혹 ETS가 문제 유출로 유명 학원을 고소하거나, 문제 유출을 막기 위해 학생들에게 제재를 가하는 것을 볼 수 있다.

예를 들어, 토익의 경우 지난 30년 동안의 기출문제들을 저장해두고 돌려쓰고 있는데 간혹 새로운 문제들이 추가된다고 해도 이 또한 거의 기존 문제들의 변형일 뿐이다. 2016년, 신토익이 시작된 이후조차도 겉으로 보이는 문제의 유형이 조금 바뀌었을 뿐, 그 안의 RAW DATA는 대부분 그대로이기 때문이다. 그래서 우리는 토익문제들을 보면 어디선가 본 듯한 문제들인데 답만 안 나오는 느낌을 받게 된다. 과거의 문제를 겉만 조금씩 변형한 것이다 보니 당연할 수밖에 없다.

어떤 사람들은 이에 대해 강한 불만을 갖는다. 비싸게 돈을 내고 시험을 보는데 과거의 문제를 돌려쓴다. 게다가 문제 개발도 하지 않고 공개하지도 않는다는 불만이다. 그러나 사실은 이 토익시험(ETS)의 운영구조 자체가 문제은행에 양질의 문제들을 쌓아놓고, 그 이용권을 파는 개념이다. 그래서 그들에게 저작권이나 지적재산권은 무엇보다 중요하다. 문제가 공개된다는 것은 DATA의 유실, 즉 재산의 일부가 유실된다는 것이다.

그렇다면 문제를 매달 새로 만들면 되지 않느냐라고 할지 모르지만 ETS는 같은 시험이라도 나라마다 미묘하게 다르게 제작하고 있다. 그러니 180개의 국가에 각각 다른 문제를 매달 새로이 제공하는 것은 물리적으로도 힘들어 보인다. (우리나라에서는 요즘 한 달에 두 번씩 토익시험을 본다.) 그리고 그것은 그들의 정서에도 맞지 않는다.

그러나 1년에 한 번 보는 수능시험 문제가 전 국민에게 바로 다음 날 공개되고, 대부분의 주요 시험들이 기출문제를 공개하는 문화를 가지고 있는 우리나라에서는 이것이 받아들여지지 않는다. 물론 이것은 문화적 차이라고도 할 수 있겠다.

하지만 ETS가 영어교육에 있어 오랜 기간 동안 전 세계적인 영향력을 가진 단체임을 감안하면 그들이 각 나라의 실정에 맞게 현지화를 해야 한다는 점에는 분명 문제가 있다고 생각한다. 게다가 소비자인 우리가 도덕적 문제가 없는 상태에서 일방적으로 기업의 신념이나 원칙을 바꾸라고 요구하는 것도 월권이 될 수 있다. 그러니 이 현지화, 즉 문제 공개에 대한 것은 여기까지만 논하기로 하자. 여기까지는 ETS와 우리가 이러한 갈등들을 오랫동안 안고 왔다는 것을 양쪽의 입장에서 정리해본 것이다. 서로의 입장 차이는 그렇다 치고 우리 수험자 입장에서 가장 중요하게 알고 있어야 하는 사항은 따로 있다. 바로 시험의 태생적인 한계다. 이것은 시험의 모든 것을 결정한다.

첫째, ETS의 45종의 시험은 서로 영역이 겹치지 않아야 한다. 어느 회사도 자신의 상품들이 같은 포지셔닝을 가지고 시장에서 소모적인 경쟁을 하게 만들지는 않는다. 즉, 토익과 토플 영역이 다르고, 토플과 GRE 영역이 달라야 한다. 예를 들어, 토플의 독해를 보면 인문, 과학, 천문, 지리, 역사 등이 총망라되어 있다. 그것은 토플이 대학이나 대학원에 진학하는 데 요구되는 시험이고, 대학에서 배우게 되는 다양한 전공들의 내용을 시험에 반영하기 때문이다. 반면에 취업이 목적인 토익의 독해지문은 모두 비즈니스 이메일, 광고, 공지, 경영경제 기사 등에 한정된다. 서로의 영역을 분리해야 하기 때문에 토익은 앞으로도 영원히 비즈니스 이외의 독해지문을 출제시킬 수 없다. LC의 출제영역이 출장·미팅·세미나 등의 업무상황에 한정되는 것도 같은 이유다.

둘째, 시험에 동원되는 단어들의 리스트 또한 바뀔 수 없다. 토플이 대학 전공과목들에 필요한, 아카데믹한 22,000개 단어들을 다루고 있는 반면, 토익은 비즈니스 영역 내의 1,200개 정도의 단어만이 출제된다.

결론은 토익이라는 시험은 과거 나왔던 문제가 또 출제되며 전 시험의 영역은 1,200개 단어에 제한되어 있다는 것이다. 1,200개 단어 이상이 출제되면 더 ADVANCED한 다른 시험과 포지셔닝이 겹치기 때문에 기존의 시험 범위에서 더 이상 확장은 불가능한 것이다.

이런 식으로 그 시험의 출제 배경을 이해하면 공부의 범위가 명확해진다. 시험영어라는 것은 딱 정해진 좁은 범위 내에서 그 내용을 얼마나 완벽하게 장악하는가가 관건이 되어야 한다. 시험영어라는 것은 목표와 공부 범위와 그 준비 기간을 확실히 정해 놓고 시작해야 한다. 이제는 내가 도대체 무엇을 어디쯤 공부하고 있는지도 모르고, 제자리를 맴도는 공부, 끝이 없이 반복되기만 하는 공부, 넓고 막연하기만 했던 영어공부에서 벗어나야 한다.

좀 더 깊이 분석해보면 토익은 독해의 모든 질문들의 답의 위치가 정해져 있다는 것을 알 수 있다. 모든 비즈니스 문서들은 자유 양식이 아니다. 반드시 주어진 틀이 따로 있는 공식 문서다. 따라서 주제는 대부분 처음 두 줄, 요구사항은 마지막 두 줄, 이런 식으로 문서의 양식에 따라 모든 문제를 출제시킬 수밖에 없는 것이다. 오답을 유도하기 위해 오류를 낼 수는 없다는 것이 시험의 한계다.

이러한 영어라는 언어의 고유의 습관이나 특성은 오히려 자기 발목을 잡는다. 특히 토익에 출제되는 비즈니스 영어와 같은 고급영어는 원칙주의자다. 또한 모든 비즈니스 문서는 공식적으로 법정 증거가 되는 것들이니 아무리 시험을 위해서라고 해도 자신들의 틀을 깨지는 못한다. 이런 한계와 약점들은 오히려 우리에게는 시험의 요령이 되며 이를 잡아낼 수 있다면 당신은 토익과의 전쟁에서 훨씬 유리한 위치를 선점하게 된다.

당신의 영어공부가 다시는 실패하지 않기 위해, 잠시 멈춰서 자신의 공부 목표와 범위에 대해서 그리고 그 방법에 대해서 생각해보는 시간이 되었기를 바라면서 이 책을 마친다.